U0399864

日本京都大學附屬圖書館藏

羅氏藏書目錄

下冊

羅振玉　王國維　編

北京大學出版社
PEKING UNIVERSITY PRESS

目録

下册

羅氏藏書目錄

宋元本之部

一

羅氏藏書目録

宋、元、本。之部

經、史、子、集、叢、

共七冊

4 9
ラ
1

羅氏振玉藏書目錄

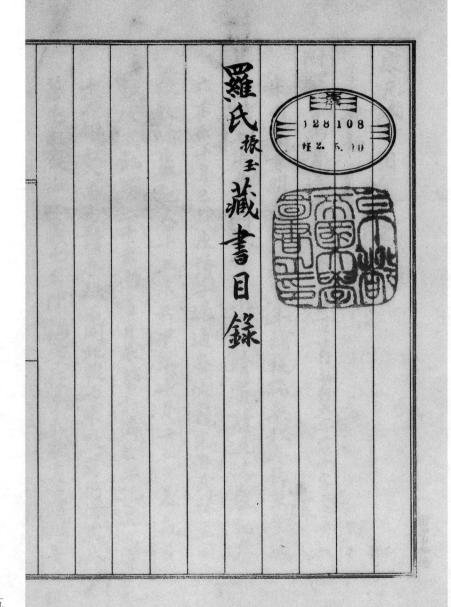

(出兩中軒版)

宋元本書目

經部

附釋音尚書注疏二十卷 每半頁十行每行大字十七小字二十三 四本

宋刊本有明正德六年十二年補板孫平叔冬生草堂藏書卷五末有題識云甲午十月晴窗讀過沈巖記卷六末云十月己卯夜讀一過適秦文龍光自武林至同校數條巖記卷十五末云甲午十月十五日是夜月蝕(巖)燈下記卷二十云尚書自朱蔡訂傳與二孔違反者十不翅七八而句讀亦殊不同此從古本點定仍依孔氏蓋先河後海之義也其間譌字極多未能盡正俟得善

本再校十月十八日巖謹錄義門師原跋
序首有孫尔準讀書記好學為福洪魯軒讀書記卷一
有艷秋閣物洪子份秘笈印卷二有振威將軍卷六有
冬生草堂卷十二有玉堂靜暇卷十六有掃地焚香卷二
十末有魯軒曾讀等印

宋板書口上記大小字數下記刊工姓名每頁之末旁記
篇名補板書口上記校人名下記刊工名每頁末不記篇名

詩集傳十卷圖一卷 每半頁十二行每行二十一字 六本

元刊本附許謙音釋圖後有歲次庚戌仲冬正齋精舍牌子

詩地理考六卷 每半頁十行每行二十字 二本

(出町中井版)

元刊本有明嘉靖丁巳補板

有彭宗因印季親甫二印

周禮白文 闕第一至第三十頁每半頁二十行每行二十七行 一本

宋刊本上附切音每頁書口下記刊工姓名上間記字數

禮經會元四卷 每半頁十一行每行二十四字 八本

元至正二十五年刊本黑口書簽籤題署夷白軒藏有夷白

軒印卷二三有汪士鋐印文叔二印

儀禮啚十七卷儀禮十七卷旁通圖一卷 每半頁十行行二十字 七本

宋刊明修本

樂書二百卷 每半頁十三行每行二十一字設閒齋藏書 二十本

二

元刊本書首有臣顧錫祺謏聞齋閑卷有益三印又有謏聞
齋主人引司馬温公語小字大朱記

春秋胡氏傳纂疏三十卷　每半頁十一行每行二十一字　三十本
元刊元印本後有至正八年刻書跋

春秋屬辭十五卷　每半頁十三行每行二十七字　四本
元刊本小黑口每頁書口記字數及刊工姓卷末有金居
敬覆校學生倪尚誼校對前鄉貢進士池州路儒學學
正朱升校正款三行

孝經論語孟子白文　孟子第十七頁以下缺每半頁二十行每行二十七字　二本
宋刊本與周禮白文板式同每册首有嘉興唐翰題

(出町中井版)

觀印

孟子通十四卷元胡炳文　孟子集注通證二卷元張存中　每半頁十一行每行大字十九小字二十一字　通證每半頁十三行每行二十四字　八本

元刊元印本有毘陵周氏九松迂叟藏書記周良金印周氏藏書之印迂王定安印鼎丞珍賞徒陵王氏寶宋閣收藏之印諸印

四書經疑八卷　每半頁十一行每行二十一字每卷前後書題大字占二行拜經樓藏書　二本

元至正辛卯建安同文堂刊本末有吳免牀手跋二則文載拜經樓藏書題跋記　卷首有拜經樓吳氏藏書仲魚過目卷五有陳仲魚讀書記卷末有免牀等印

三

此書標題每卷不同卷一至卷四前後題書署四書經疑問對卷五前題署四書經疑後題及卷六七前後題均作四書疑卷八前題作四書疑題經疑問對

孝經注疏八卷　明正德六年補刊與爾雅注疏同函　一本

爾雅注疏十一卷　每半頁九行每行大字十七小字低一格二十　三本

宋刊本有明正德六年十二年補板

爾雅注疏十一卷　同上　一本

卷首有王元讓印存谿二印卷末有王元讓存谿一印

説文解字篆韻譜五卷　每半頁七行每行五篆　五本

元刊本卷一之末有丙辰菖節種善堂刊牌子每卷首

（出町中井版）

有天得庵每卷末有福堂印

六書正譌五卷　每半頁五行每行小字二十　五本

元刊本小黑口卷首有大興朱氏竹君藏書印

大廣益會玉篇　存卷九至十六每半頁十二行　一本

元刊本小黑口前後有淺草文庫印

大廣益會玉篇三十卷　每半頁十二行　五本

元刊本小黑口每册首有曾在王鹿鳴處怡園主人

每册末有雪苑王瓊宴家藏書等印

廣韻五卷　每半頁十三行　五本

元刊本小黑口序末有元統乙亥中秋日新書堂刻梓

牌子

又　每半頁十二行

元刊本小黑口序末有至正丙午菊節南山書院刊行　二本

牌子

釋元應一切經音義二十四卷　闕卷二卷二十一兩卷　二十三冊

宋刊宋印宋裝本每卷首題敷文閣直學士潼川府
路都鈐轄安撫使知瀘州軍州提舉學士兼管内勸
農使賜紫金魚袋馮檝恭為今上皇帝祝延聖
壽捨俸添鏤經板三十函補足毗盧大藏永冀流
通勸緣福州開元禪寺住持慧通大師了一題

(出町中井版)

漢隸分韻　存上卷三下卷四　一本

元刊本

(出町中井版)

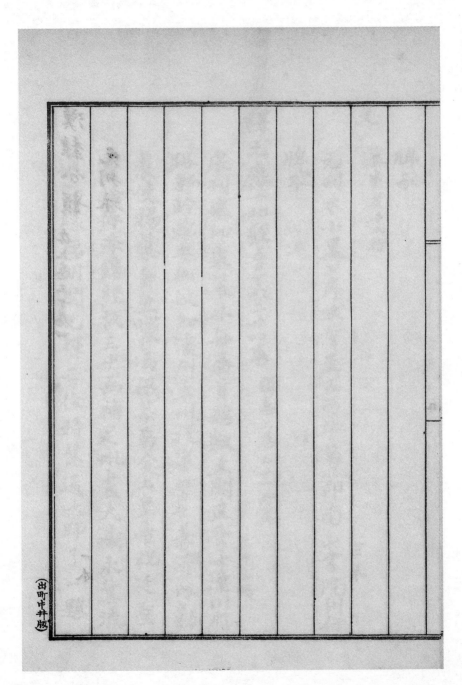

史

後漢書一百二十卷 闕帝紀十卷志卷一至卷五傳卷五至卷二十四 每半頁十行行廿二字 廿五本

元大德刊本有明成化十七十八年補板有葉樹廉印石君印青箱世業養浩元刊書口上記字數下記刊工姓名每卷末有校者姓名張梟許應斗李荊胡大用程紹慶寧國學正王師道張能官等姓名補刊書口上記年歲下記校者姓名

晉書一百三十卷音義三卷 每半頁十行行二十字 八十本

元刊本小黑口卷一首有黄丕烈印蕘圃朱氏拊琴仙館藏書印畹生眼福諸印卷一首頁書口下有李

友文刊四字卷四十四十一四十二四十七四十八五卷鈔補

宋書一百卷 每半頁九行行十八字 本紀鈔補 三十二本

宋刊本有明弘治嘉靖補板

又一部 ○此書本目録ニハ二十二本トアレド本書ノ籤ニ大字宋書二十本全トアリ恐ラク實ハ五本ナキナラン 存疑 二十二本

宋刊本有弘治嘉靖補版

南齊書五十九卷 每半頁九行行十八字 二十四本

宋刊本有元時補葉

梁書五十六卷 每半頁九行行十八字 十本

宋刊本有明時補葉

陳書三十六卷 每半頁九行行十八字 四本

（出町中村版）

宋刊本有明補葉

魏書一百十四卷　每半頁九行行十八字　六十本

宋刊本元明補刊

北齊書五十卷　每半頁九行行十八字　十六本

宋刊本有明嘉靖補版卷首有尚書世家印

周書五十卷　二十本

宋刊本有明嘉靖補版

隋書八十五卷　每半頁十行行二十二字　二十四本

元刊本黑口偶有明嘉靖補葉

又　存志卷一至卷十二卷二十一至二十七板式同上　四本

七

元刊本

南史八十卷　闕卷一卷四十三至卷五十四每半頁十行每行二十二字　四十本

元刊元印本黑口

又　每半頁十行每行二十二字　二十本

元大德丙午刊本有明嘉靖補板

又　同上　二十本

同

又殘本　存列傳卷五至卷十六卷二十二至卷七十　十五本

同

北史一百卷　每半頁十行行二十二字　二十本

（出町中村版）

元刊本間有明嘉靖補葉每册首有允中集舜執
珍藏圖書印

五代史七十四卷 闕附錄三卷卷一 三 六 七 二十五至二十九 四十八至五十二 五十六 五十七 五十九至六十一皆鈔補每半頁十行每行二十二字
元刊本黑口　十二本

又殘本 存卷七至卷五十六卷六十一至卷七十四板式同上　八本
元刊本有明嘉靖補板

宋史四百九十六卷 每半頁十行行二十字　一百六十本
元至正六年江浙江省刊本黑口前半頁下記寫官姓
名後半頁下記刊工姓名

八

通鑑續編二十四卷　闕卷一卷三至卷六　每半頁九行每行二十二字　十本
元至正十八年刊本黑口每冊首有吳郡趙頤光家史志
趙㧑夫二印書口下間有訓導錢海瑱校正訓導錢紳
等字間有刊工姓名

戰國策三十三卷　每半頁十一行行二十字　十六本
三十三巻トアルハ鮑彪注吳師道重校ノモノハ十巻ナリ
宋鮑彪注元吳師道重校元至正十五年平江路刊本
首有盧江王圖書記印

宋季三朝政要六卷　每半頁十三行行二十二字　二本
元皇慶壬子陳氏餘慶堂刊本
卷末有趙晉齋手跋云此余友袁君壽階五硯樓舊

（出町中村版）

藏也荷屋康使云得於閩中北還後之不可知者是書傳本極少余得自文瀾閣闕湻祐七年後五年事注云舊本遺逸又魯魚之訛多不可讀此卷具載因為補出又凡諸誤字悉為校出借通介老人不及見之可刻入叢書也而是本可寶不待贅言矣然少玩忽則交臂失之書此以識耄年之幸仁和趙魏道光癸未

趙魏私印　晉齋

目錄前有五硯樓藏粤人吳榮光印無競居士張之洞審定舊槧精鈔書籍卷一首有廷檮之印袁氏又愷卷二末有荷屋所得古刻善本卷六末有五硯樓袁氏收藏金石圖書印等印

陸宣公集二十二卷 每半頁十行行十七字 六本
元刊本目録後有牌子云至大□亥秋教官厲心齋奏總管王公子中命重新繡梓詳加校訂任其責者學正四明陳沅學録毗陵蔣蠵孫路掾盧陵易偉也監督直學張天祐馬天祺學史程泰孫拖去非

孝肅包公奏議集十卷 卷五以下舊鈔補 每半頁十行行二十字 四本
元刊本大黑口書首有古潭州袁臥雪廬收藏印此爲四庫全書本底本但多所删改書題原作孝肅包公奏議改包孝肅公奏議卷首孝肅門生

(出町中井版)

張田題辭國史本傳林至慶元重修孝肅包公墓記孝肅包公遺事九條及趙磻老書後均削去不録書中空格猶存宋本之舊蓋元仿宋本也

國朝諸臣奏議殘本 每半頁十一行行二十三字 八本

宋刊殘本原書一百五十卷今存二十二卷目一卷目存乙集一卷自卷三十六至卷七十七 君道存卷九至十一帝繫存卷二十九至三十一天道存卅八至三十九百官存五十六至五十九又七十一至七十三禮樂存九十至九十二邊防存一百四十四總議存一百四十五自一百四十六

每册有汪士鍾字春霆號閬園書畫印

一〇

呂氏考古圖不分卷　四本

元刊白字本前有大德己亥古迂陳□子序書題下
有默齋羅史□考訂并書奉議大夫江西肅政□
□□古閣林瑜重考二行

子部

篹圖互註揚子法言十卷 每半頁十一行行二十一字 四本

元刊元印本黑口書首有吳翌鳳家藏文苑秋村卷一首頁有長洲尤氏太史藏書卷末有枚庵流覽所及諸印

又一部 同 二本

每頁首有燕園收藏印序後有牌子云本宅今將監本 四子篹圖互注附入重言重意精加校正并無訛謬謄作大字刊行務令學者得以參考互相發明誠為益之大也建安、、、謹咨

大德重校聖濟摠錄殘本 每半頁八行行十七字 二十本

元刊本存卷一之下卷二之中卷十七十九二十六十一六十二八十三八十四九十九一百一百二十三至二十四一百二十七至三十一百三十七至三十八一百五十一一百五十四至五十五一百五十八至六十一百六十三至六十四一百八十四至八十六一百九十共三十一卷

類編朱氏集驗醫方十五卷 每半頁十二行行二十二字 八本

宋咸淳元年刊本卷末有孫淵如朱書一行云辛未年正月何夢華代購白銀三十兩二月二十六日閱一過 星衍私印

（田町中井版）

書衣有妙賞樓藏分書木記又有高氏鑒定宋刻
板書澹寧子星衍私印伯淵宋元秘笈夢華館藏
書印郭外山古閩鄭叔易氏收藏印頤煊審定石
谿嚴氏芳椒堂閩中陳開仲芸榭藏書序首有
武林高瑞南家藏畫印何元錫印何氏敬祉五松
書屋石谿嚴氏芳椒堂藏書香修鄭居仁字叔易
目首有周雪客家藏書女高氏博浪石外山目尾
有修張氏香修秋月之印卷一首有元照之印嚴氏九
能張氏秋月字香修一字幼憐余獨好修以為常卷
末末頁有鄭居仁章諸印

困學紀聞二十卷 每半頁十行行十八字 八本

元泰定二年慶元路刊本前有袁桷序後有陸晉之後序目後有伯厚甫深寧居士墨印卷二十後題後有孫厚孫寧孫校正慶元路儒儒學學正胡禾監刊二行有燕越胡茨村藏書印楮園圖書二印

事文類聚翰墨大全甲集十二卷乙集十八卷丙集十四卷丁集十一卷戊集十三卷巳集十二卷庚集十卷辛集十六卷壬集十七卷癸集十七卷

元刊元印本前有吳陸叅旦圖籍印章許珩之印君耆亻漢齋長白馬佳寶康審定宋元舊槧並元

（出町中井版）

明舊鈔舊校之記

韻府羣玉二十卷 每半頁十一行 二十本

元刊元印本凡例後有一牌子云瑞陽陰君所編韻府羣玉以事繫韻以韻摘事乃韻書而兼類書也檢閱便益觀者無不稱善本堂今將元本重加校正每字音切之下續增許氏說文以明之間有事未備者以補之韻書之編誠為盡美矣敬刻梓行嘉與四方學者共之至正丙申莫春劉氏日新堂謹白

長阿含經殘本卷二十一 一本

宋刊宋印本

一三

阿毗達磨法蘊足論卷二　一本

宋刊宋印本

正法念處經殘本卷五十九　一本

宋刻宋裝摺子本

佛說八陽神呪經　八吉祥經　八佛名號經　佛說盂蘭盆經　一本

宋刊本四經同卷闕第四種

阿毗達磨大毗婆沙論殘本　存卷十九卷六十卷一百四十四　三卷　三本

宋刊本

阿毗曇毗婆沙論殘本　存卷六十二　一本

（出町中井版）

同

瑜伽地師論残本　存卷五十四卷九十三卷九十九　三卷　三本

同

阿毗達磨發智論残本　存卷三　一本

同

古今佛道論衡實錄残本　存卷一之半　一本

同

開元釋教錄略出四卷　五本

宋刊宋印宋裝本書前題云福州開元禪寺住

持傳法賜紫慧通大師了一謹募衆緣恭為

今上 皇帝祝延聖壽文武官僚資崇 祿位
圓成雕造毗羅大藏經板一副皆紹興戊辰閏八月、
、日、、謹題

古今譯經圖紀四卷 四本

宋紹興刊本題語同上 一

肇論中吳集解三卷 每半頁十行每行二十二字 一本

宋刊宋印本序首有傳是樓徐仲子臣烔宋本序末有壬戌卷上首葉有東海別號自彊拜經樓吳氏藏書末頁有徐章仲所讀書卷中首葉有徐烔章仲末葉有徐烔收藏書畫卷下首葉有二

(出町中井版)

澞書屋末葉有徐焵珍藏秘笈集解題辭後有
章仲徐炯之印徐氏章仲諸印
冥樞會要三卷 每半頁十行行二十字 六本
宋刊本卷下後題後有四明比丘、、、了義書湖州
報恩光孝禪寺住持嗣祖比丘道樞重開時紹興十
五年歲次乙丑端午日謹題三行卷下末頁有朱彝
尊記偽末有錢天樹李兆洛程恩澤張尔旦口宗建
等手跋卷上末有蔣因培觀款有董其昌印彝尊
竹垞并偽壽平興祖貞宋刊錢氏藏鏡清閣方氏
若衡曾讀曾藏虞山渭濱張本淵家舊山樓心

一五

蓮室晥茅若衡勤襄公五女芙初女士姚晥真印
桐城女士若衡方氏若衡方勤襄公季女諸印

無文印二十卷語録五卷 每半頁十一行行二十字卷十二以下鈔補 六本
宋刊本

雪竇顯和尚頌古一卷 每半頁十行行十八字 一本
元刊本黑口後題後有至正玄黓敦牂蕤賓朔日
三河縣大明禪寺住持玉川 海島 重新刊印流通上
報四恩下資三有若見若聞同圓種智者捧匠趙
祥卿胡善甫高士元四行

了堂和尚語録無卷數後録一卷 每半頁十行行二十一字 二本

（出町中井版）

元刊本

曇芳和尚語錄無卷數　每半頁十行行二十字　二本

元刊本前後有虞集序

相模州極樂禪寺月峰和尚語錄一卷　一本

宋刊本前有咸湻戊辰宋僧惟衍日本僧光澤序

後有僧紹曇跋

一六

(出町中井版)

集部

分類補注李太白詩二十五卷 每半頁十一行行二十三字

元刊本末有庚辰歲孟冬月安正書院新刊牌子有 十二本

喬從哲印喬竅之喬光曾字孝揚秀水莊氏

蘭味軒收藏印諸印

集千家註批點杜工部詩集二十卷文集二卷 每半頁十二行行二十二字

十本

元刊本題溪先生劉會孟評點首有新安汪氏

啓淑信印二印

朱文公校昌黎先生集四十卷 闕前十卷 每半頁十行每行二十一字 八本

一七

元刊元印本有山陰祁氏淡生堂虞山張蓉鏡鑒定宋刻善本等印

增廣註釋音辯唐柳先生集四十三卷別集二卷外集二卷附錄一卷 每半頁十三行行二十三字 十二本

元刊本黑口

豫章羅先生文集十七卷 每半頁十三行行二十三字 六本

元刊元印本有樓東徐氏監藏秦峰田耕堂藏諸印

啽囈集一卷 每半頁十一行行二十一字 二本

元刊本有梅花墅太原叔子藏書記蓮涇顧嗣

（出町中井版）

立印俠君等印

唐文粹殘本 存卷十至卷十四之下 每半頁十五行行二十五字 一本

元刊元印本

文章正宗殘本 存目錄一卷及卷十五卷十九至二十二下卷二十四共九卷 每半頁十行每行二十一字 八本

元刊元印本有馬氏家藏圖書世々子孫永寶黄

丕烈印梧桐鄉汪嵐坡藏諸印

古文真寶後集六卷 每半頁十一行行二十一字 一本

元刊本黑口

國朝風雅七卷雜編三卷 每半頁十行行十八字 四本

元刊元印本卷末後有黄蕘圃跋云右香嚴書屋

所藏殘本與此刻正同其中詩人姓名履歷附録
於此以備參考蕘圃翁姓名履歷不録每册首有
汪士鐘印閬源珍賞二印

皇元風雅後集六卷　每半頁十三行行二十一字　二本
元刊元印本目後有牌子云本堂今求名公詩篇隨
得即刊難以人品齒爵為序四方吟壇士友幸勿責
其錯綜之編倘有佳章毋惜附示庶無滄海遺珠
之難云李氏建安書堂謹咨有大興朱氏竹君
藏書之印朱筠竹君茶花吟舫等印

大平金鏡策三卷　每半頁十三行行二十五字　三本

(出町中井版)

元刊本後有孫子瀟手跋云是書向藏張子和家予與淵如前輩兄觀於小嫏嬛福地子和下世中郎書籍散爲烟雲是書得歸蔣伯生明府嘉慶丙子正月偶過燕園見而題此〔原〕〔湘〕又有孫星衍觀孫原湘觀〔心青凡士〕二行有閩中鄭翰圖書虞山蔣伯生所藏二印

一九

(出町中井版)

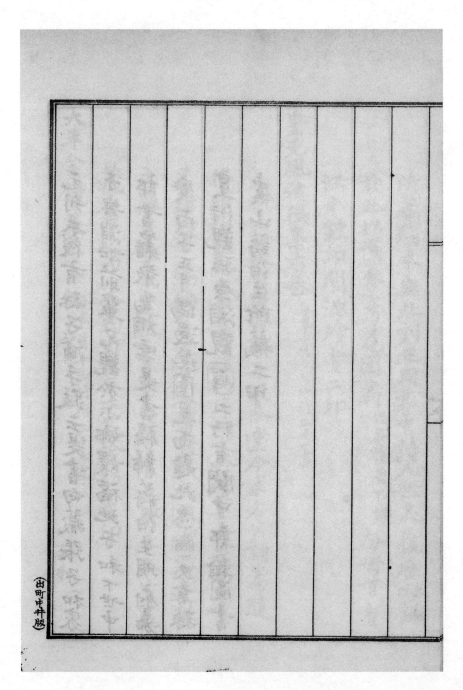

善本書目

經部

周易本義十卷 朱熹 內府 宋咸淳本 二本

又四卷 明刻本 六本

毛詩集傳二十卷 宋朱熹 明司禮監刊本 十二本

劉氏詩說十二卷 闕第二第九第十三卷 藝芸精舍仿宋本 宋劉克 四本

詩緝三十六卷 宋嚴粲 明味經堂刊本 陳子藏書 二十本

毛詩六帖十卷 明徐光啓 明萬曆丁巳刻本 六本

重輯黃宣獻公周禮說六卷 宋黃度 陳全鑑輯 五馬山樓原刻本 二本

儀禮單疏五十卷 藝芸精舍仿宋本 六本

二〇

儀禮攷註十七卷 元吳澄 明宗文書堂刊本 二本

禮記鄭注二十卷釋文一卷考異一卷 陽城張氏仿宋撫州本 十二本

大戴禮記十三卷 明仿宋本 文淵閣藏書 十六本

讀禮日知二卷 明金渕 明潮州刊本 璜川吳氏藏書 一本

韓氏三禮圖說二卷 元韓信同 後山房刊本 二本

樂律全書十五種 明朱載堉 明刻本 十九本

律呂正聲六十卷 明王邦直 明萬曆刊本 十二本

春秋經傳集解三十卷 晉杜預 明仿宋岳刻本 十五本

春秋左傳類解二十卷 明劉績 明刊本 十本

春秋列國論二十四卷 春秋 傳斷六卷 春秋書法解

（出町中井版）

一卷　明張溥　明刊本　八本

論語古訓十卷　陳鱣　原刊本　有嚴鐵橋藏印　二本

孝經論語孟子音義四卷　唐陸德明　士禮居仿宋本　一本

四書或問三十六卷　宋朱熹　明莆田洪氏校刊本　四本

尔雅郭注三卷附音釋　晉郭璞　明黑口本有徐健庵印　二本

尔雅翼三十二卷　宋羅願　明正德仿宋本　四本

説文解字三十卷　漢許慎　汲古閣仿宋大字本　八本

六書本義十二卷　明趙古則　明正德刊本　二本

大廣益會玉篇三十卷　明黑口本　四本

龍龕手鑑八卷　遼僧行均　日本覆高麗本　八本

二一

从古正文六卷　明黄諫　明刊本　吳兔床藏書　二本

隸釋二十七卷　宋洪适　明王雲鷺刊本　怡邸藏書　六本

隸韻十卷碑目一卷考證一卷　宋劉球　秦氏仿宋刊本　十二本

漢隸字原五卷碑目一卷　宋婁機撰　毛氏仿宋本　三本

篆圖附音增廣古注千字文三卷　日本刊本　一本

梵語千字文一卷　唐釋義淨　日本刊本　一本

三續千字文一卷　宋葛剛正　海源閣仿宋本後有唐翰題手跋　一本

草書禮部韻五卷　宋高宗　日本仿宋本　六本

韻鏡一卷　宋無名氏　日本覆宋慶元本　一本

草書韻會不分卷　金張天錫　明洪武仿金本　四本

（出町中井版）

翻譯名義集二十卷 宋僧法雲 明藏摺子本 二十本

二二

（出町中井版）

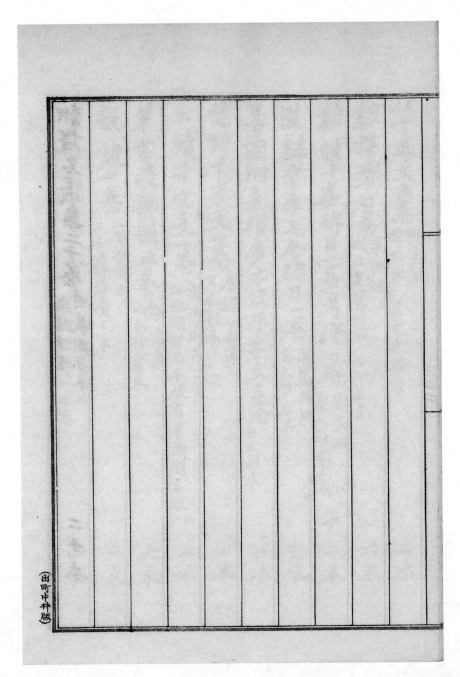

史部

史記一百三十卷 漢司馬遷 明秦藩仿宋刊本 二十本

史記題評七十卷 明李元陽 明刊本 四十本

漢書一百二十卷 漢班固 明德藩刊本 北平黄氏萬卷樓藏書 二十四本

漢書一百二十卷 明汪文盛仿宋刊本 十六本

後漢書一百三十卷 宋范曄 明汪文盛仿宋刊本 十二本

晉書一百三十卷 唐太宗 明吳氏西爽堂刊本 陸潤之藏書 四十本

舊唐書二百卷 晉劉昫 明聞人氏仿宋本 四十本

五代史七十四卷 宋歐陽修 元本明補前十二卷鈔補 十本

南唐書注十八卷 湯運泰 十二本

元史二百十卷 闕前五十一卷 洪武刊本 明宋濂等 三十本

十七史詳節二百七十三卷 宋呂祖謙 明正德慎獨齋刊小字本 四十本

又一部 明陝西布政使刊大字本 六十本

兩漢策要十二卷 汲古閣仿元本 七本

貞觀政要十卷 宋戈直集論 高麗刊本 六本

南北史類鈔一百五十卷 李興祖 原刊本 八本

大唐六典三十卷 唐李林甫注 明正德仿宋本 明趙凡夫藏書 十本

又一部 日本近衛家熙校刊本 三十本

皇明制書二十冊 明大名府刊本 怡邸藏書 二十本

大明集禮五十三卷 明梁寅等修 明刊本 天一閣經進本 三十二本

大明律例不分卷 明隆慶刊本 十四本

皇明世法錄九十二卷 明陳仁錫 明刊本 九十二本

海運志二卷 明刊本 怡邸藏書 二本

海運新考三卷 明梁夢龍 明刊本 二本

四譯館考十卷 江蘩 二本

通文館志十一卷 高麗刊本 五本

兩銓便考二卷 高麗刊本 二本

國語韋氏解七卷 明刊本 八本

國語二十一卷 明許宗魯刊本 明項子京藏書 六本

古史六十卷 宋蘇轍 明南監本 十本

二四

荒史六卷 明陳士元 明刊本 明項子京藏書 二本

吳越春秋十卷 漢趙曄 明仿元大德本 二本

唐鑑二十四卷 宋范祖禹 高麗刊本 四本

皇朝類苑七十八卷 宋江少虞 日本活字本 十五本

明詠化類編一百三十六卷續集十七卷 明鄧球 明刊本 怡邸藏書 四十本

憲章錄四十七卷 明薛應旂 明刊本 八本

大政記三十六卷 明朱國禎 明刊本 十本

遜國正氣紀六卷 明曹芳參 舊刊本 二本

建文朝野彙編二十卷 明屠叔方 明刊本 十本

（出町中井版）

吾學編六十九卷 明鄭曉 明刊本 十四本

徵吾錄八卷 明鄭曉 明嘉靖刊本 二本

永陵編年史四卷 明支大綸 明刊本 四本

隆萬兩朝平攘錄五卷 明諸葛元聲 明刊本 六本

三朝要典二十四卷 明敕撰 明刊本 十二本

昭代武功編十卷 明范景文 明刊本 十本

皇清開國方略三十二卷 阿桂等 武英殿本 三十二本

征平定溯漠方略四十八卷 温達等 武英殿本 二十四本

欽定剿捕臨清紀略十六卷 舒赫德等 殿本 六本

平定兩金川方略一百三十六卷 阿桂等 殿本 六十四本

二五

欽定蘭州紀略二十卷 阿桂等 殿本 八本

平定臺灣紀略七十卷 殿本 三十四本

欽定廓尔喀方略五十八卷 殿本 二十本

欽定平定教匪紀略四十三卷 托津等 殿本 二十四本

平定回疆　擒逆裔方略四十三卷 曹振鏞等 殿本 四十三本

撫苗錄不分卷 附沿邊營汛路程 紅苗歸化詩 鄭海峯石堂刊本 八本

明朝獻徵錄一百二十卷 明焦竑 明刊本 七十二本

今獻備遺四十二卷 明項篤壽 明萬曆癸未萬卷堂刊本 八本

嘉靖以來首輔傳八卷 明王世貞 明萬曆丁巳刊本 八本

(出町中井版)

吳中人物志十三卷 明張昶 明刊本 六本

宗室王公功績表傳六卷 誠親王等 殿本 七本

欽定續纂外藩蒙古回部王公傳十二卷 殿本 六本

宋劉文簡公年譜一卷 宋沈倜 明黑口本 漢陽葉氏藏書 一本

元功垂範二卷 今釋 續一卷 張允格 初刻原本 三本

明萬曆乙未戊戌辛丑甲辰四科會試錄四卷 明刊本 四本

乾隆某年爵秩新本 四本

三輔黄圖六卷 明刊本 二本

齊乘六卷 元于欽 明覆元本 六本

二八

明嘉靖四川總志二十一卷　明王元正等　明嘉靖刊本　二十五本

兩浙海防類考十卷　明刊本　十本

嘉靖宣府鎮志四十二卷　明孫世芳　闕卷十八至二十　卷二十八九　三十五至三十七　明刊本　九本

朔方新志五卷　明楊壽等　明刊本　五本

震澤編八卷　明蔡昇王鏊　明刊本　毛子晉藏書　四本

嘉靖吳江縣志二十八卷　明沈啓　明嘉靖戊午刊本　十二本

萬曆嘉興府志三十二卷　明沈堯中　明刊本　八本

萬曆紹興府志五十卷　明張元忭　明刊本　三十二本

海鹽澉水志八卷續志九卷　宋常棠　明董穀　明嘉靖刊本　馬安中吳兔牀藏

(出町中井版)

書 一本

嘉靖海甯縣志九卷 明蔡完 明刊本 吳兔牀藏書前有手記 二本

西吳里語四卷 明宋雷撰 明嘉靖刊本 四本

東吳水利攷十一卷 明王鐖 明刊本 四本

皇明九邊考十卷 明魏煥 明嘉靖刊本 闕第八卷 九本

裔乘八卷 明楊一葵 明刊本 曹倦圃藏書 五本

歷代地理指掌圖 明刊本 二本

古今輿圖三卷 明吳國輔 明刊本 三本

欽定滿洲源流考二十卷 阿桂等 殿本 八本

二七

欽定河源紀略三十五卷 質郡王等 殿本 八本

薛氏鐘鼎彝器款識法帖二十卷 宋薛尚功 明朱謀垔刊本 明晋郎魯郎藏書 四本

嘯堂集古録二卷 宋王球 明仿宋本 項藥師萬卷堂黄小松小蓬萊閣藏書 二本

天下金石志不分卷 明于奕正 明刊本 四本

嚴氏古磚存 嚴福基 拓墨本 二本

史糾十五卷 明朱明鎬 桐花館刊本 一本

附

全像東西兩晋演義志傳十五卷五十回 明刊本 四本

唐書志傳通俗演義八卷明　八本

二八

（出町中井版）

子部

子彙三十五卷 明萬曆五年刊本 二十本
六子全書六十卷 明刊本 八本
五子六卷 明刊本 八本
孔子家語十卷附錄一卷 明陸治校刊本 四本
荀子二十卷 謝刊初印本 四本
陸子一卷 子彙本 一本
揚子法言十卷 明芸窗書院本 三本
文中子中說十卷 同 三本
鹿門子一卷 唐皮日休 子彙本 一本

二九

君鑑五十卷臣鑑三十六卷 明内閣官本 有廣運之寶印

二十四本

晏子春秋八卷 吳山尊景元刊本 二本

晏子春秋二卷 欽上卷 子彙本 二本

墨子一卷 子彙本 一本

韓非子二十卷 明趙用賢刊 潘稼堂藏書 八本

淮南子二十八卷 明刊白文本 六本

淮南子二十八卷 明王元賓校刊本 十六本

鹽鐵論十卷 漢桓寬 明刊本 六本

白虎通二卷 漢班固等 明刊大字本 二本

(出町中井版)

風俗通義十卷 漢應劭 覆元大德本 四本

顏氏家訓二卷 北齊顏之推 明程伯祥刊本 四本

演繁露十卷 宋程大昌 明嘉靖刊本 四本

容齋五筆七十四卷 宋洪邁 明黑口本 二十四本

緯略十二卷 宋高似孫 明刊本四庫全書底本 六本

剡溪漫筆六卷 明孫能傳 明刊本 二本

括蒼二子 郁離子二卷 明劉基 草木子二卷 明葉子奇 嘉靖刊本 四本

世說新語六卷 宋劉義慶 明萬曆己酉周氏博古堂翻刻袁本 六本

又一部八卷 明吳興淩瀛初刊朱墨本 八本

冥報記三卷 存卷上 唐唐 日本景刊卷子本 一本

雲仙雜記十卷　唐馮贄　明隆慶辛未葉氏菉竹堂刊本　二本

清異錄二卷　宋陶穀　明隆慶壬申葉氏菉竹堂刊本　四本

青瑣高議二十卷　元劉斧　明刊本　三本

輟耕錄三十卷　元陶宗儀　明玉蘭草堂刊本　楊雪滄藏書　十六本

麈餘二卷　明謝肇淛　日本刊本　二本

見聞雜記十一卷　明李樂　明萬曆辛丑刊本　四本

涇林雜記四卷　明周復俊　明刊本　二本

梅月堂金鰲新話一卷　高麗尹春年　高麗刊本　一本

香乘二十七卷　明周嘉胄　明刊本　十本

藝文類聚一百卷　唐歐陽詢　明隆慶天池刊小字本　二十本

（出町中井版）

標題補注蒙求三卷 唐李翰 宋徐子光補注 明萬曆刊本 曹楝亭諸家藏書

四本

事類賦三十卷 宋吴淑 明嘉靖甲午刊本 四本

事物紀原二十卷 宋高承 明正統刊黑口本 陳仲魚藏書 六本

海錄碎事二十二卷 宋葉廷珪 明刊本 三十本

羣書集事淵海四十七卷 無名氏 明弘治刊本 三十二本

新編羣書類要事林廣記九十四卷 元陳元靚 日本仿元泰定本 五本

纂圖增新羣書類要事林廣記五集二十九卷 陳元靚 明洪武刊本

十本

羣書纂數十二卷 明張九韶 明洪武刊黑口本 查蔭山藏書 四本

三一

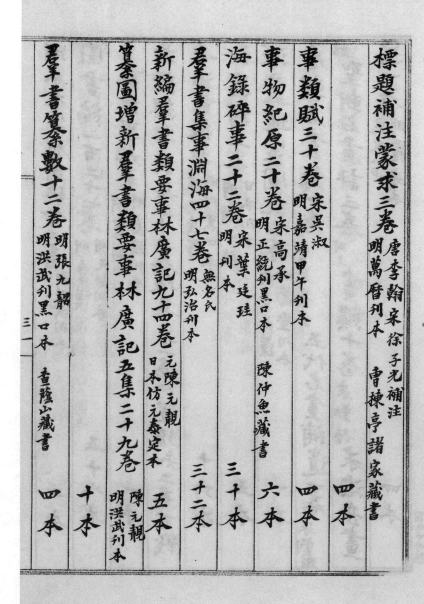

明本大字應用碎金二卷 明洪武刊本 二本

圖書編一百二十七卷 明章潢 明天啓刊本 五十八本

日記故事九卷 明虞韶 明嘉靖刊本 一本

武經總要前集二十二卷後集二十一卷行軍須知二卷百戰奇法前後集 宋丁度等 明刊黑口本 十六本

神器譜五卷 明趙士禎 日本刊本 五本

渾蓋通憲圖說三卷 明李之藻 明萬曆刊本 一本

唐朝名畫錄一卷 唐朱景玄 五代名畫補遺一卷 宋劉道醇 聖朝名畫評三卷 同上 畫繼十卷 宋鄧椿 米海岳畫史一卷 宋米芾 明覆宋本 四本

宣和畫譜二十卷 明楊升庵刊本 十本

視學精蘊不分卷 年希堯 二本

真本千金方殘本 日本摹刻卷子本 一本

玉機微義五十卷 明徐彥純 明正統陝西官刊本 八本

濟生續方八卷補遺一卷 宋嚴用和 日本刊本 一本

易簡方一卷 宋王碩 日本仿宋本 一本

保産育嬰錄三卷 明黑口本 二本

太素脉訣統宗七卷 張太素 明萬曆刊本 四本

經史證類大觀本草三十一卷 明萬曆仿元大德本 十本

政和經史證類備要本草三十卷 宋唐慎微 明成化仿金泰和本 十本

重修政和經史證類備用本草三十卷 明嘉靖山東官刊本 二十四本

食品集二卷 明吳祿 明嘉靖刊本 二本

道德真經二卷 宋林希逸注 明刊本 二本

列子八卷 唐盧沖遠解 秦氏石研齋刊初印本 二本

文始經釋辭九卷附音釋 明王一清 明萬曆刊本 四本

文始真經三卷 明刊本 三本

鶡冠子一卷 宋陸佃解 子彙本 一本

鬼谷子一卷 子彙本 一本

黄石子一卷 同 一本

（出町中井版）

抱朴子内篇四卷外篇四卷 晋葛洪 明萬曆刊本 四本

又一部 八本

元真子一卷 唐張志和 子彙本 一本

齊邱子一卷 五代譚峭 同 一本

无能子三卷 同 一本

撰集百緣經十卷 明藏本 十本

新定貞元釋教目錄三十卷 唐僧圓照 日本翻刊高麗藏本 二十本

大藏一覽集十卷目一卷 宋陳實 日本寬永刊本 十一本

佛祖統記五十五卷 宋僧智磐 日本刊本 二十一本

佛祖歷代通載三十卷 元僧念常 明藏本 三十本

三三

祖庭事苑八卷　缺卷一卷二兩卷　日本重刊宋紹興本　宋僧善卿　一本

又一部　缺卷五卷六卷八三卷　日本重刊宋蜀本　六本

西巖和尚語錄不分卷　宋　日本五山仿宋本　一本

禪林寶訓二卷　元僧淨善　明正統八年刊本　二本

百川學海百六十卷　宋左圭　明弘治重刊宋本　以壬癸二集共欠十三種　郭蘭石藏書　十三本

鹽邑志林五十五卷　明樊維城集　明刊本　二十本

古今逸史一百六十四卷　明吳琯　明刊本　十六本

臧氏述錄十二卷　臧玉琳　臧氏拜經堂刊本　五本

集部

蔡中郎文集十卷外傳一卷 漢蔡 明正德乙亥蘭雪堂活字本 朱 筍城藏書 四本

又一部 明萬曆刊本 六本

陳子昂集二卷 明活字本 一本

沈佺期集四卷 明活字本 二本

王昌齡集二卷 明活字本 一本

李頎集三卷 明活字本 二本

皇甫冉集三卷 明活字本 一本

包何集一卷包佶集一卷 明活字本 一本

曲江張先生文集十二卷附録一卷 唐張九齡 明萬曆刊本 四本

分類補注李太白詩三十卷 宋楊齊賢蕭士贇 明嘉靖癸卯寶善堂刊本 十二本

集千家註杜工部詩二十卷文集二卷 明刊大字本 二十四本

讀杜詩愚得十八卷 明單復 明嘉靖刊本 十八本

元次山文集十卷補遺一卷 唐元結 明正德間定武侯刊本 四本

寒山子詩集一卷 唐 明萬曆己亥刊本 一本

顏魯公文集十五卷 唐顏真卿 明萬曆刊本 六本

韋江州詩集十卷拾遺一卷 唐韋應物 明太華書院刊本 許滇生藏書

（出町中井版）

六本

增廣註釋音辯唐柳先生文集四十三卷別集二卷外集二卷附錄一卷 唐柳宗元 明初刊黑口本 陸潤之藏書 十本

柳文四十三卷別集二卷外集二卷附錄一卷後錄一卷 明嘉靖刊本 十本

昌谷集四卷 明曾益釋 明刊本 四本

李商隱詩集十卷 唐李商隱 高麗刊本 二本

笠澤叢書四卷補遺一卷 唐陸龜蒙 顧刻初印本 二本

甲乙集十卷 唐羅隱 汲古閣本 一本

范文正公集二十四卷附錄一卷 宋范仲淹 明康丕揚校刊本 十本

三五

蔡忠惠公文集四十卷 宋蔡襄 明陳一元校刊本 四本

歐陽文集五十卷 宋歐陽修 明嘉靖刊本 二十四本

嘉祐集十五卷 宋蘇洵 明嘉靖刊本 四本

又殘本 存卷五至十二 明嘉靖刊本 二本

伐檀集二卷 宋黄庶 明刊山谷集本 袁漱六藏書 二本

王臨川先生文集一百卷 宋王安石 明隆慶刊本 二十四本

欒城集五十卷後集二十四卷三集十卷應詔集十二卷 宋蘇轍 明末淮安府刊本 四十本

淮海後集六卷 宋秦觀 明刊本 一本

樂圃朱先生餘稿十卷附編一卷補遺一卷 宋朱長文 吳郡朱氏刊本

（出町市井版）

汪季卿藏書　六本

鄭州小集五卷附錄一卷　宋羅願　明羅朗刊本　四本

陸象山集三十六卷　宋陸九淵　明嘉靖間王宗沐刊本　十二本

又一部　明正德刊黑口本　六本

雙峰先生存稿六卷　宋舒邦佐　明刊本　汪魚亭藏書　四本

西山先生真文忠公文集五十五卷　宋真秀　明萬曆丁酉刊本　十二本

松鄉先生文集十卷　元任士林　明刊本　四本

存心堂遺稿十二卷附錄一卷　元吳萊　明萬曆壬子刊本　四本

清秘閣遺稿十五卷　元倪瓚　明萬曆刊本　六本

麗則遺音四卷附錄一卷　元楊維楨　汲古閣初印本　二本

三二又

鉄崖文集五卷 元楊維楨 明弘治刊本 二本

鄭師山遺集十八卷 元鄭玉 明刊本 五本

潛溪集存卷一至四 明宋濂 明初刊本 四本

宋學士芝園前集十卷後集十卷續集十卷鑾坡前集十卷後集十卷朝京稿五卷 明宋濂 明刊小字本 璜川吳氏藏書 十本

高太史集十八卷 明高啓 眉庵集十二卷 楊載 北郭集四卷 張羽 靜居集四卷 徐賁 明陳邦瞻刊本 八本

楊東里文集二十五卷 明楊士奇 明刊本 八本

山堂萃稿十六卷續稿四卷 明徐問 明刊本 朱竹君藏書 四本

見素集二十八卷編年紀略一卷 明林俊 明刊本 十六本

(出町中井版)

王文恪集三十六卷 明王鏊 明刊本 八本

大復集三十七卷 明何景明 明嘉靖刻本 十二本

匏翁家藏集七十七卷補遺一卷 明吳寬 明正德刊本 汪閬源藏書 八本

升庵文集八十卷 明楊慎 明萬曆刊本 十四本

雅宜山人集十卷 明王寵 明嘉靖刊本 汪閬源藏書 四本

甫田集三十六卷 明文徵明 明刊本 六本

張愈光詩文選六卷附錄一卷 明刊本 八本

涇野先生文集四十一卷別集十三卷 明呂柟 明嘉靖間關中刊本 二十四本

三七

石秀齋集十卷 莫是龍 采隱草一卷 莫秉清 小菴羅集六卷 顧斗英 拾香草一卷 顧昉之 書室刊本 朱竹君藏書 三本

滄溟先生集三十卷附録一卷 明李攀龍 明刊本 十本

袁永之集二十卷 明袁袠 明嘉靖刊本 八本

塞上曲一卷 明李開先 明嘉靖刊本 一本

弇州山人四部稿一百七十四卷續稿二百〇七卷 明王世貞 明刊本 百〇四本

靳兩城先生集二十卷 明靳學顏 明刊本 四庫進呈書 四本

盧次楩蠓集二卷 明盧柟 明隆慶刊本 四本

由拳集二十三卷 明屠隆 明刊本 六本

（出町中井版）

白榆集二十卷 明屠隆 明刊本 五本

學古緒言二十五卷 明婁堅 明刊本 五本

快雪堂集六十四卷 明馮夢禎

吳文恪公文集三十二卷附錄一卷 明吳道南 明刊本 十四本

來禽館集二十九卷 明邢侗 明刊本 十本

枯樹齋詩集一卷 明單恂 明刊本 一本

玄芝集四卷 明趙陸卿 明刊本 朱竹君藏書 一本

晚香堂小品二十四卷 明陳繼儒 明刊本 六本

為可堂史初集四十二卷附錄一卷史論十卷詩集十六卷

朱一是 舊刊本 吳兔牀藏書 十二本

三八

江山集三卷甲申集七卷 余懷 元刊本 二本

緑杉野屋集四卷 徐以泰 文選樓藏書 一本

王立父遺文五卷 王預 金冬心藏書 一本

集唐落花百韻一卷 梁親王 一本

吾盡吾意齋樂府二卷 陳皐 汪魚亭藏書 二本

鐵橋詩悔一卷 嚴可均 一本

文選六十卷 明唐藩覆元張伯顏本 二十本

文選六十卷 鄱陽胡氏仿宋初印本 二十四本

全唐詩不分卷 殿本 一百二十本

五老集五卷 東坡等五人小簡 日本刊本 一本

（出町中井版）

文翰類選大成一百六十三卷 明李伯璵 明嘉靖刊本 陳仲魚藏書 一百本

古洋遺響集一卷 明仿宋本 一本

彤管遺編二十卷 明酈琥 明刊本 五本

從游集二卷 陳陸溥編 傳是樓藏書 一本

三子新詩合稿 陳子龍李雯宋徵輿 九本

金華文統十三卷 明趙鶴 明正德刊黑口本 何義門藏書 四本

松陵文獻十五卷 潘檉章 三本

烏臺詩案一卷 一本

三九

尺牘清裁五十卷 明王世貞 明刊本 十本

（出町中井版）

評校本書目

經部

儀禮章句十七卷 張叔未評點本 四本

書衣有題識云墨筆圈照杭州胡綺園先生摘本

朱墨點張廷濟書

羣經音辨七卷 臧在東校本 一本

卷末有臧氏跋云癸丑六月七日在東據毛氏影鈔

宋本精校十七葉連前跋 先是六月初四日起初

六日止校於貞節堂袁氏本初六日過臨此本此本

黄蕘圃孝廉家所藏託部書賈求善價、、

因出借二、、不貳軒庸堂又云十五日又借明府段若膺校本一勘用墨筆以別之段本以意校改而往往與鈔本合二十六日又從改正數條可為善本矣

廣雅疏證二十卷 王石臞伯申二先生改定本 十本

改書目及墨箋約校改四百餘條或稱念孫案或稱引之曰知為王氏父子之手筆

汲古閣本說文解字三十卷 闕卷十一上至卷十三下 惠氏評閱本 五本

前有惠士奇即半農惠棟之印定宇等印改

(出町中井版)

有朱墨筆札記不知出于誰手也

漢隸分韻七卷 唐蕉庵校本 二本

首有題識云吳氏藏元翻雕宋刊本序七行行十
三字

史部

明崇正書院刊本漢書一百二十卷 闕卷二十二至二十六 金輔之手校本

二十三本

卷末有題識一行曰萬歷壬寅夏佛誕後一日娛
清館點校畢下有朱氏元長印律歷志末有長
跋末云乾隆庚子長至輔之記每卷首滋蘭堂

圖書記海昌唐仁壽伯尚甫印鏡香居士諷字
室諸印

後漢書一百二十卷 杜小舫趙録錢警石校本 十六本

書首有題識云同治十年六月二十一日初校杜文
瀾記目後云本宅依監本寫作小板鼎新開雕的
無隻字舛誤幸天下學士精鑒隆興二祀冬至麻沙、
劉仲立咨 文瀾從錢警石校本過録原文作五行每行八字 列傳末云初讀此
書嫌其繆訛為多及觀劉氏刊誤諸條乃知在北
宋即罕善本緣前人重之不如班書故也嘉靖中
南京國子監刊者注經刪削此猶完書故是一長

(出町中井版)

其舊本不差此復滋謬略為隨文改正云康熙辛巳中秋題于保定行臺西序何焯 此從錢警石先生校本過錄但有脫誤同治十一年二月二十六日杜文瀾識 志後云續志三十卷皆從諸草廬先生校本過錄借先生所校范書不可得也又自二十三卷至此何義門先生以北宋殘本校過皆從錢警石世伯處借其精本照錄惟所校太繁間有弃舍亦十之一二耳

唐鑑二十四卷 周白民評閱本 四本

前有朱筆云第一次閱黃筆云第二次閱首有白民印

翟刻穆天子傳六卷補遺一卷 張石舟手校本 一本

石舟先生手書籤題云穆天子傳文泉先生校本石舟重校前有篆友手校冠山筠篆友王筠私印

汪刊郡齋讀書志二十卷 瞿木夫手校本 八本

校語故稱中溶記故知為木夫校本

金石錄三十卷 葉石君校本 十本

明濟南謝世箕刊本卷末有題識云此刻訛字甚多尚得元本改正之又云甲辰春日照摹宋本勘葉石君朱筆又云己未夏從陸本重校有雅宜山人歸來草堂焦循私印理堂焦氏藏書樸學半九

（出町中井版）

書塾字錫公一字文孫等印

寶刻類編八卷　勞季言校本闕三四兩卷鈔補　四本

卷八後有勞氏朱書錄李跋云寶刻類編八卷近從永樂大典中錄出不著作者姓氏蓋在陳思王象之之後所載以類相從分注州郡甚有條理講金石文字者所宜寶弆也八月中余師直閣紀曉嵐先生鈔以見貽攜置行篋至祈陽檢所著錄浯溪題名金石家所未載又昨于襄陽之峴山搜得張九齡所作靳公遺愛頌遍攷歐趙二錄及輿地碑目天下金石志諸書皆未及載而此書載之彌覺其可貴矣乾

四三

隆丁酉十一月十九日益都李文藻記於全州舟次又有勞氏識語云道光二十八年戊申十一月辛未朔二十五日乙未仁和勞格季言校有勞保艾讀勞格季言實是求是多聞闕疑等印

石刻鋪叙二卷 翁蘇齋手校本 一本

書衣有翁氏墨書云照前校本朱書云此書吾齋三本内校語亦有彼此未合鈔者其鈔寫一本最在前是粤東所校尚多訛誤今俱寫於此本云云有蘇米齋直秘閣靈壽花館鑒藏樹鏞私印沈氏金石墨花龕諸印

(出町中井版)

子部

謝刻荀子二十卷　唐蕉庵校注本　三本

目錄後有唐氏手跋云楊評事之注荀子足與趙氏孟子章句同功特荀子文辭奥鰲古今字殊加以簡偏脱烟傳寫謬誤穿鑿附會所不能免評事自序固已言之矣庚申劫後行篋書燬東武劉公子以此見餉公暇紬繙閲數葉以袪鄙吝蓋不欲任此心日汩没於塵垢中也閒有心得書於眉端用備遺忘非敢自託於評事之諍臣亦聊以自驗心目所到云爾起同治癸亥三月十日迄光緒紀元乙亥凡約三百八十餘條

更於暇日逐卷補校以吾業約成四卷乃仿元人金華吳師道國策校注之例名之曰荀子校注亦不敢專也讀者亮之唐翰題記

日本翻世德堂本荀子二十卷 日本無名氏校本 十本

卷首有日本無名氏識語云寬政辛酉正月獲金澤文庫藏本校訂彼是相照從其善者正文楊注頗增其脫漏以補正云今補一本者是也

揚子法言目十卷 移錄何義門校本 六本

書後有識語云丙寅十月半查四兄垂示手寫義門先生據宋本校勘揚子法言因假以讎言

（田町中井版）

對訂訛補闕良多是正其旁注疑義門附記此書邊闌之上下還以質之妄下雌黄彌用為愧姚世鈺書於韓江張氏麗澤家塾又云光緒辛卯夏日從太谷温氏假馬半查本壬辰三月十五録畢馬本序首頁有顧千里經眼記朱文印半查朱文印璐字白文印卷一有南齋朱文印小玉堂主人樾堂甫識

新刊仁齋直指方論醫脈真經二十六卷小兒附遺方論五卷　日本森立之校本　十本

明書林熊咸初刊本日本森立之以元環溪書院本校

前有昭曠館圖書記弘前醫官澀江氏藏書記青
山求精堂藏書畫之記等印後有日本丹波元簡
平全善二跋文長又録

東觀餘論三卷 徐承禮校本

末有識語云同治癸酉十一月六合徐承禮以明嘉禾
項氏刊本校定

衍極五卷 何義門手校本 二本

明萬曆己未籀閣孫氏刊本後有何氏跋云余求此書
久未得但聞錢曾王先生有元時槧本不知是代嘗再
閒也康熙辛巳首夏從江都市中得此本船窗把

卷欣然忘食顧安得錢氏書校勘耶焯識有曾在陳
彥和處鮑建輿珍藏印二印

圖繪寶鑑五卷　五本
日本刊本以元刊本校

晁氏客語一卷　一本
四庫全書本底稿明翻百川學海本以晁氏三先生集
本校正前有翰林院典籍廳關防朱記

冷齋夜話十卷　四本
汲古閣本以日本五山刊本校正補足

春渚紀聞十卷　張學安校本　二本

前有吳郡張紹仁學安藏書印以宋臨安府太廟前
尹家書籍鋪刊行本校

容齋五筆七十四卷　十本

明馬讕元刊本初二筆均以宋本校過

中吳紀聞六卷　二本

内有朱墨筆校語墨筆據汲古閣鈔本校朱筆
據古鈔本校序後有朱書二行云丁令威宅石湖
周朝宗蘇之繁雄冠浙右朱光禄正謁叔父記
館中語以上七條各本有目無文今姑記於此俟
得善本補入拙生記前有會稽章氏藏書印

(出町中村版)

又一部　二本

與前書校語全同第二冊前有識語云光緒十年夏
五月下榻非管齋假若波新得本校翌日非管居士
以舊鈔本再校趙氏鈔本乃從宏治刻本影鈔

世說新語六卷　六本

明萬曆間趙氏野綠園刊本後有宋筆識語曰
康熙庚子五月借蔣子遵校本略加是正子遵
記其後云戊戌正月得傳是樓宋本校閱是淳
熙十六年刊於湘中者有江原張縯跋舊爲南
園俞氏藏書有耕雲俞彥春識語上黏王履

四七

約還書一帖雖多脱誤然紙墨精絶未知放翁
所刊原本視此如何也并抄之使餘兒知所自來老
氏孟公書有漢留侯裔原名拱瑞字孟公張弓
之印引六右研齋秦氏印臣恩復秦伯敦父諸印

齊東野語二十卷　十本
明正德乙亥鳳陽府知府胡文璧刊本書首有
錢謙益印書上有牧齋評語

二初齋讀書記十卷　吳兔牀評閲本　二本
有兔牀拜經竹下書堂等印書眉有拜經手書
評語

集部　一

蔡中郎文集十卷　卷六以下闕　葉調生校本　一本

明茅一相刊本葉調生用二十二家本校前有阮葵生讀書葉廷琯調生小印調生校錄道南人家龍威鄰隱椒花庵等印

蔡中郎集六卷　卷四以下闕　一本

中有朱筆藍筆校語據目錄後四維以智跋云素知學士老人有校本恨未得見頃識松巖文孫假示是冊披閱竟曰喜不勝言云云學士未詳何人疑即胡書農學士敬也

四八

宋注杜工部詩集二十卷文集二卷 盧抱經評閲本 六本

前有抱經堂印語山草堂等印

昌黎先生詩集注十一卷 阮吾山移録陳句山評閲本 四本

末有阮氏跋云曩讀安溪義門兩先生批韓詩已存

副本茲弟紫坪從字師寄句山先生閲本復臨一過

凡十日乃竟辛未夏葵記圖囯有七録齋藏書

記阮葵生讀書記等印

景宋本樊川文集二十卷外集一卷 移録楊惺吾校本

六本

鄰蘇老人以文苑英華唐文粹全唐詩諸書校

笠澤叢書五卷　戈順卿校本　二本

碧筠草堂刊本戈順卿以宋蜀本及舊鈔本校後
有戈襄戈載跋二則有戈載謹藏先人手澤戈
小蓮秘笈印戈載手校戈載印順卿戈昌國戈氏三
世藏書印等印

王氏東坡詩集註三十二卷　翁覃溪評閲本　十九本

前有王氏手籤云乾隆甲寅三月二十二日大直沽行
帳中為戴園粗校一遍北平蘇齋學人翁方綱

鐵崖先生文集四卷　石琢堂評閲本　二本

有吳中石氏臨波閣藏書平江石氏圖書琢堂韞

四九

王執如等印後有獨學老人朱書手記

陳檢討集二十卷 周白民評閱本

前有白民清來堂阮氏吾山諸印

文心雕龍十卷 何義門校本並補隱秀一篇 二本

何氏據馮已蒼本校目後及隱秀篇後並有義門

手跋

詩人玉屑二十卷 五本

日本翻高麗本以宋咸淳刊本校

（出町中井版）

羅氏藏書目錄
鈔本之部
49
ラ
1

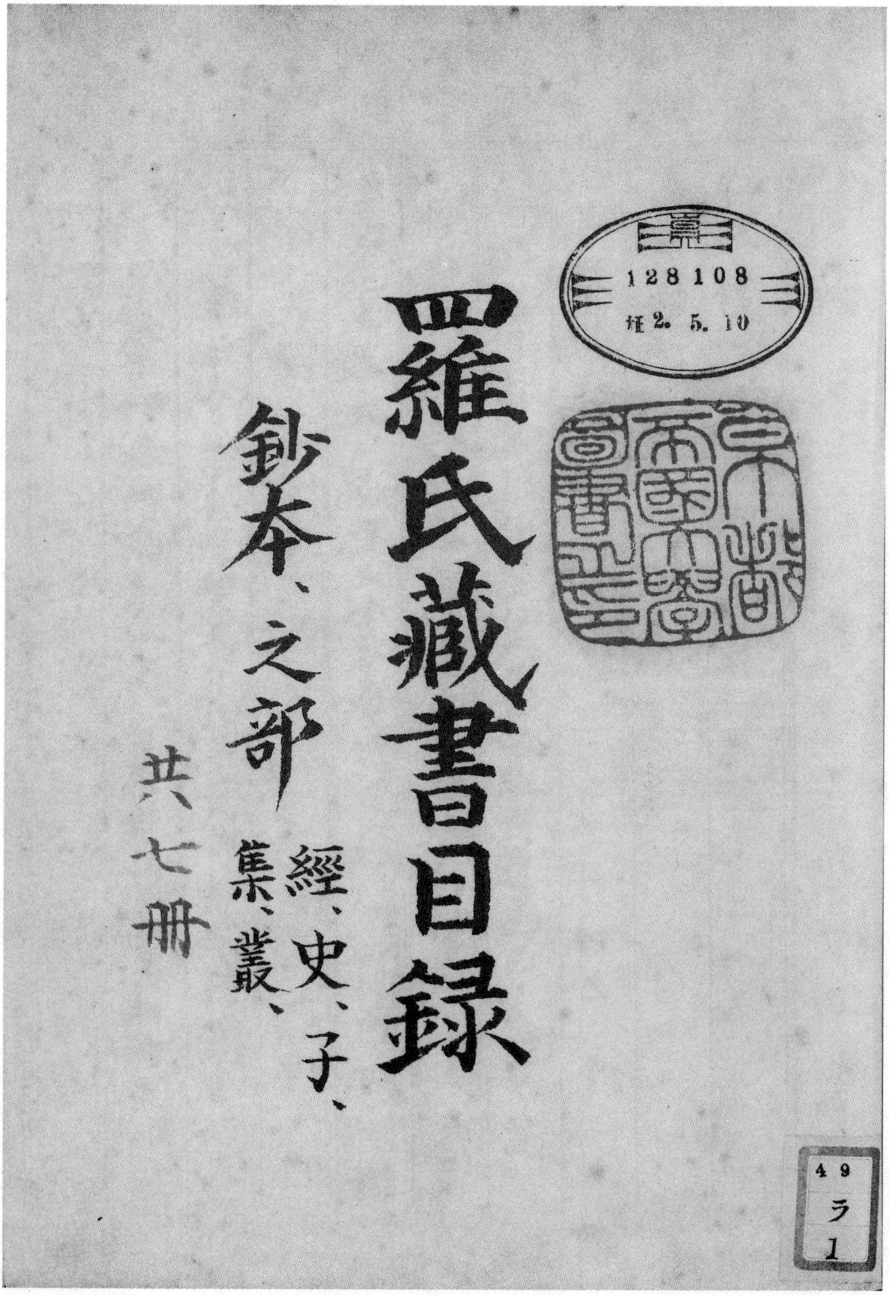

羅氏藏書目錄

鈔本、之部　經、史、子、集、叢、

共七冊

49
ラ
1

鈔本書目

經部

周易舉正三卷　影莫氏影宋本　一本

唐郭京撰後有莫生芝跋云道光己亥臘月莊泉莫生芝據謙牧堂宋鈔本影寫

晦菴先生朱文公易説二十三卷　北平黄氏萬卷樓舊鈔本　四本

書首有翰林院印又有北平黄氏萬卷樓圖書信天廬臣紹丞印浦鹿俞氏方伯家藏書俞紹丞印俞氏竹侯

水村易鏡一卷 舊鈔本 一本
宋林光世撰

周易玩辭十六卷 舊鈔本 四本
宋項安世撰首卷有華山王宏撰學六字

易大象義一卷 舊鈔本 一本
明章潢撰有紫珊所得善本徐氏玉琳堂印二印

讀易雜記四卷 舊鈔本 二本
明章潢撰有紫珊所得善本印

周易像象述六卷 瓶花齋鈔本 六本
明吴桂森撰前有翰林院印又有吴焯吴城顧流傳

(山明中井版)

勿損污蟬華諸印

大成易旨不分卷 舊鈔本 四本

明崔師訓撰

易義提綱八卷 藍格明鈔本 八本

不著撰人姓名有毛晉之印宛平王氏家藏慕齋鑒

定等印

周易詮義十四卷 碧琳琅館舊鈔本 十本

國朝汪烜撰

周易虞氏義 張臯文手稿 二本

張惠言撰手稿本

周易通論月令二卷　一本

姚配中撰

周易乾鑿度二卷附錄一卷　江豆齋鈔本　一本

有惠棟之印松崟江山劉履芬觀彥清珍秘等印

書衣有同治甲子山陽丁晏題記書眉有惠定宇

翁覃谿丁儉卿劉泖生四家校正手筆

隸古文尚書卷第五　商書盤庚上至微子　卷子本　影鈔宜都楊氏藏　一本

又卷十一　周官下半至康王之誥　影鈔宜都楊氏卷子本　一本

（出町市井版）

古文尚書注十卷篇目表一卷逸文二卷 舊鈔本 二本
宋王應麟集馬鄭注孫星衍補集有汪志奎藏
書印

書說七卷 闕卷一 曹倦圃鈔本 六本
宋黄度撰每册首有曹溶之印檇李曹氏收
藏圖書記二印

禹貢山川地理圖二卷 移録鉄琴銅劍樓本 一本
宋程大昌撰

洪範統一一卷 舊鈔本 一本
宋趙善湘撰册首有一六淵海印

尚書金氏注十二卷 舊鈔本 十二本

宋金履祥撰有太原王衡之印太史氏植庵珍藏

鳴泉閣東莊草堂簡静齋顧苓之印孫星衍印

東魯觀察使者諸印

讀書叢説六卷 舊鈔本 一本

元許謙撰有王宗炎所見書印

禹貢錐指水道録 附引古録 舊鈔本 一本

不著撰人名氏卷首有獨山莫友芝印

禹貢揭要一卷 稿本 一本

姜信撰

尚書記一卷 張小浦從譚仲修手鈔本移錄 一本
莊述祖撰
劉氏詩說十二卷 闕卷二卷九卷十 舊鈔本 八本
宋劉克撰有紫珊所得善本石畫書樓諸印
詩傳旁通十五卷 卷十二以下闕 舊鈔本 六本
元梁益撰有曹溶攜李曹氏收藏圖書記二印
毛詩六帖殘本 拜經樓舊鈔本 三本
明徐光啓撰首有吳免牀題識云毛詩六帖明上
海徐子先相國著世尠刊本故秀水朱氏經義
考不著卷數予搆得此三册首題二雅而賓止

小雅未知世間尚有全本否相國於曆算尤精所著崇正曆書深有裨於燮理之功惜卷帙繁重不能得而細讀以驗西法之精微也辛亥秋中稧客記有拜經樓吳氏藏書吳平齋讀書記二印

讀詩隨筆一卷 章式卿手鈔本 一本

不著撰人姓名有壽康手鈔印

詩經詮義十五卷 舊鈔本 十五本

汪烜撰

毛朱詩説三卷 阮紫坪手稿本 一本

阮芝生撰有翁覃谿籤識記數十條

詩聲類十二卷詩聲分類一卷 璈均居鈔本 二本

孔廣森撰有紫所得善本渭仁二印

詩考四卷 舊鈔本 二本

宋王應麟撰集盧文弨增校有唐翰題印

詩考四卷 鈔本 二本

鏞堂趙坦補輯

韓詩外傳十卷補遺一卷 鈔本 二本

趙懷玉校有唐翰題印

三禮圖四卷 闕卷三四 舊鈔本 一本

明劉績撰有王宗炎所見書印

深　考誤一卷　舊鈔本　一本

江永撰有曾在嚴厚氏處印

儀禮韻言二卷　鈔本　一本

檀萃撰

樂書二百卷　定遠方氏鈔本　十本

宋陳暘撰前有方濬師題記有退一步齋藏書

圖記

大樂律呂元聲六卷律呂考注四卷　樸學齋舊鈔本

三本

明李文利撰

吹𤄃録五十卷　稿本　十二本

吴頡芳撰有揚州阮伯元氏藏書阮薩曾印封沂

諸印

古今聲律定宫八卷附乾象彙編四卷　稿本　七本

葛銘撰

春秋正義三十卷　存一至六三十四至三十六　日本舊鈔本

三本

唐孔頴達疏前有俞蔭甫題識

木訥先生春秋經筌　存七八九三卷　明鈔本　三本

文

宋趙鵬飛撰有曾在李鹿山處秀野草堂顧
氏藏書印

春秋集注十一卷綱領一卷 明景宋鈔本 六本
宋張洽撰有謙益私印謏聞齋竹泉珍秘圖籍
諸印

春秋左傳讞十卷公羊讞六卷 鈔本 四本
宋葉夢得撰有美人香草燕喜堂廷琯曾讀
諸印

春秋年考一卷 鮑士恭進呈明鈔稿本 一本
不著撰人姓名首有翰林院印及天香庭院懷

(出町中井版)

清堂湯氏考氏考藏印何蒙孫藏書印虎頭氏

前有四庫館呈提要印

周正彙考八卷 稿本 二本

萬斯同撰前有金德純序下有德純金素公印

册首有四明敬遺軒盧氏家藏書籍等印

春秋年譜一卷 稿本 二册

不署姓名前有吴江周氏世經堂圖書印

左傳杜注拾遺三卷 阮紫坪手稿本 一本

阮芝生撰有翁覃溪籤記數十處

四書正誤偶筆不分卷 鈔本 四本

顏元撰

皇氏論語義疏參訂十卷　拜經樓稿本　四本

吴騫撰前有乾隆四十六年吴氏序例書眉有手書校改十處并識記書衣有唐翰題題記有竹下書堂鵠安校勘秘笈二印

五經異義纂一卷摭遺一卷　袁氏貞節堂鈔校本　一本

莊述祖撰尾有題記云乾隆五十八年五月借抱經堂校本録鈔胥不知悉依原本閒有從盧氏改增寫正者今以生園別之袁廷檮臨校畢記摭遺末又有題記曰六月甲子校畢又愷每葉書

口有袁氏貞節堂鈔本欵

莆陽二鄭先生六經雅言圖辨八卷 鈔本 二本

爾雅新義二十卷 舊鈔校本 四本

宋陸佃撰後有乾隆二十四年太原余西咸豐丁巳

魏塘朱殿兩跋有朱墨筆校朱書余氏校墨書

朱氏校也

爾雅校文二卷 稿本 二本

劉衡撰前有嘉慶七年自序序後有嘉慶戊

寅三月二十七日臨海洪頤煊讀卷末有金州王玉

八

樹讀二欵

異語十九卷 稿本 一本

錢坫撰前有乾隆丁酉正月手書自序有戴成芬芝農

圖籍戴成芬印芝農福州戴芝農藏書絳屛珍

藏書口有金粟堂鈔本欵

篆雅一卷 稿本 一本

魏源撰前有達縣吴德潚筱村藏書印

説文解字篆韻譜五卷 舊鈔本 二本

宋徐鉉撰前有師孔堂圖書虞東吴氏珍賞何元

錫印諸印

（出町中井版）

說文字原一卷 孔葒谷手景元本 一本
元周伯琦撰卷末有乾隆甲午十一月二十五日鈔於小時雍坊分書款一行前有孔繼涵印葒谷又白後有憲彝等印序首有蠅鬚館珍藏書畫印記印

六書述 存卷四至卷六 傳鈔稿本 一本
吳玉搢撰

說文校記一卷 種松書屋鈔本 一本
王念孫撰

唐本說文木部箋異質疑一卷 稿本 一本
柯劭忞撰

新撰字鏡十二卷 景日本法隆寺古寫本 十二本

復古編二卷 舊鈔本 二本

宋張有撰有張查山鑒藏圖書印查山鑒定

太原吾亦愛吾廬收藏圖書諸印

篆隸攷異八卷 稿本 四本

周靖撰有汪霖之印郁亭二印

漢隸分韻七卷 景元鈔本 六本

無撰人姓名後有章壽康手跋云失去卷五用俗

本鈔補前有逢旦字方曉昉谿會稽章氏式訓

堂藏書 齋諸印

（出町中井版）

切韻指掌圖一卷 陳鱣德景元槧本 一本
宋司馬光撰前有鷦安校勘秘籍印
四聲等子一卷 文瀾閣傳鈔本 一本
後有廖廷相跋
聲均辨八卷 篤素堂舊鈔本
譚宗公撰前有皖南張師亮篠漁校書於篤
李堂印
聲類 稿本 一本
錢大昕撰前有嘉慶丙辰爲相之月姪繹手録
越六年八月十七日記一行書衣又有繹題記有嘉

一〇

定錢季子侗同人氏收藏經籍金石書籍之記

印

說文諧聲類編不分卷 手稿本　八本

安吉撰

七音正韻十卷 稿本　十本

安念祖撰

古韻溯源八卷 稿本　八本

安念祖華湛恩同撰

金石字樣八卷 稿本　八本

戴源撰

(出町中井版)

淨土三部經音義三卷 景日本舊鈔本 三本

日本沙門信瑞撰

二

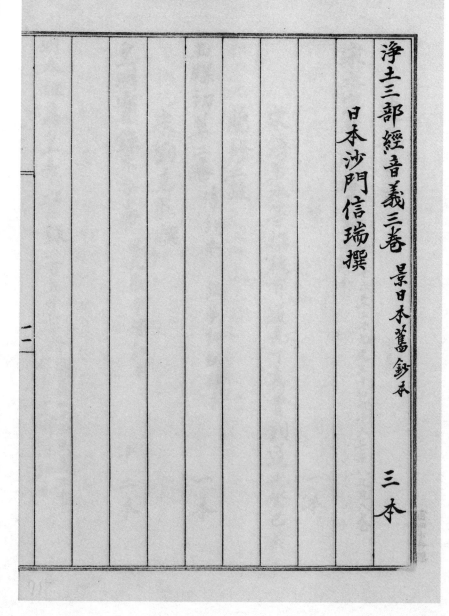

(出町中井版)

史部

宋太宗皇帝實錄存二十六至二十九又三十七七十六七十八九凡八卷 傳鈔本

宋錢若水等撰後有道光丁亥曾釗道光癸巳吳

一本

蘭修二跋

玉牒初草二卷 傳鈔本 鐵琴銅劍樓本 一本

宋劉克莊撰

皇明實錄不分卷 孔氏嶽雪樓鈔本 十二本

明太祖高皇帝實錄二百五十七卷 闕卷四十九至卷五十三 明南雲閣精鈔本

一二

明姚廣孝等監修胡廣等撰前有曾藏汪閬源　七十六本

家印

皇明寶訓不分卷明南雲閣精鈔本　十本

明太宗文皇帝實録一百三十卷孔氏嶽雪樓鈔本　三十本

仁廟聖政記二卷明鈔本　一本

前有禮邸珍玩印

（出所中井版）

明宣宗實錄二百十五卷　明鈔本　三十六本

明張輔等監修楊士奇等撰

世祖章皇帝實錄存卷九至卷十六卷三十至卷三十五卷四十二至卷五十　舊鈔本　四本

書衣有甬東邱氏家藏圖書印卷首有四明敬遺

軒盧氏家藏書籍二印

三朝北盟會編二百五十卷　舊鈔本　二十四本

宋徐夢莘編有崔氏藏書復思堂鑒賞

建炎以來繫年要錄二百卷　闕末二十卷　孔葒谷鈔本

五函三十本

宋李心傳撰書首有孔氏題記云宋時臣寮奏言

取孝宗朝繫年要録稱訪同隆井研縣李宗簿
宅鄉貢進士李心傳所述云云蓋先舉其户名也亦
可見宋刻乾隆戊戌春二月十六日己酉記是日修
葺番庫完又朱書云是書為同年程吏部魚門
晉芳自永樂大典鈔出鈔值一百八十金予借其低
本鈔副而未能校也書三十四册字一百八十萬有奇
鈔書錢三十六千有奇於乾隆四十一年丙申十有
二月二十六日癸亥立春之日裝葺完好記此以志
同年流傳秘帙之美闕里孔繼涵書於小時雍坊
之壽雲簃

(出町中井版)

宋朝中興遺史殘本 舊鈔本 二本
無撰人姓名書名控去改添遺史二字

續編宋中興編年資治通鑑十五卷 舊鈔本 二本
宋劉時舉撰

兩朝綱目備要十六卷 舊鈔本 四本
宋陳均撰四庫館從永樂大典采輯本有晉涵之印
邵二雲氏二印

宋季三朝政要六卷 景元至治癸亥張氏新刊本 一本
不著撰人

大金國志四十卷 讀畫齋藏明鈔校本 四本

金宇文懋昭撰前有讀畫齋印

金史補不分卷 稿本　五本

杭世駿撰

東華録十六卷 舊鈔本　十六本

蔣良騏撰

東華録三十四卷 闕五六兩卷 舊鈔本　三十二本

蔣良騏撰前有山陽丁晏藏書印

穆天子傳注疏八卷 檀萃稿本　六本

國語補音不分卷 舊鈔本　一本

宋宋庠撰前後有孔繼涵印葒谷二印

南部新書十卷 舊鈔本 一本

宋錢希白撰有章綬銜印紫伯荻溪章紫伯珍藏

善本諸印

南渡錄一卷南燼紀聞一卷竊憤錄一卷又續錄一卷阿計替

傳一卷 劉泖生手鈔本 一本

題宋辛弃疾撰末有題記曰同治癸酉正月下浣

假武林潘氏本錄於吳門泖生記

錢唐遺事十卷 拜經樓鈔校本 一本

元劉一清撰後有乾隆丁未吳兔牀嘉慶十年陳仲

魚己卯庚辰吴虞臣等手跋有新坡鄉校拜經樓吴氏藏書印吴騫字槎客别字兔牀陳鱣仲魚壽暘諸印

歸潛志八卷附大唐傳載摘勝一卷 徐虹亭鈔校本 四本

金劉祁撰卷末有康熙庚辰二月癸未十月松風老人手跋二則有梅會里朱潛采藏書竹垞老人彝尊讀過虹亭鈔本臣釚印舊史官徐釚之印虹亭江南舊史虹亭徐釚書畫圖記菊莊藏書等印

(出町中井版)

保越錄一卷 書鈔閣鈔校本 一本

元徐勉之撰前有題記云己巳春仲子九爲書鈔閣

主人借傅氏長恩閣校正鈔本校勘一過時客福州

下有紫玖印前長洲蔣鳳藻印信長壽印

革除編年不分卷 藍格明鈔本 缺末數頁 一本

無撰人姓名

北征錄一卷 一本

明金幼孜撰

北征記一卷 一本

明楊榮撰右二卷一册藍格明鈔本有浙東沈德壽

家藏之印授經樓藏書印二印
又一部　二種合一册前有五萬卷藏書樓沈氏家藏二印　一本
姜氏秘史不分卷　後半闕　舊鈔本　一本
無撰人姓名有禮邸珍玩印
邊略五卷　明鈔本　四本
明高拱撰有明善堂覽書畫印記南昌彭氏二印
泰昌遺事一卷天啓遺事二卷　明鈔本　三本
明李遜之撰
酌中志略四卷　舊鈔本　二本

（出町市井版）

明劉若愚撰目後有光緒丁亥楊雪滄手記有侯官楊浚內史之印十五漢鏡齋等印

酌中志略六卷　舊鈔本　三本

有漢北中郎將第五十三孫王懿榮等印

南疆繹史二十八卷　日本淺野氏舊鈔本　八本

溫睿臨撰前有尚古齋所藏梅堂藏書島田雙樓收藏諸印

聖安本紀三卷　傳鈔本　一本

題顧炎武撰

行在陽秋　日本舊鈔本　一本

一七

無撰人姓名

海甸野史六卷　舊鈔本　六本

題亭林老人輯

揚監筆記五卷　舊鈔本　四本

有浙東沈德壽家藏之印抱經樓藏書印二印

太和縣禦寇始末二卷　闕下卷　舊鈔本　一本

吳世濟撰

崇禎聞見録一卷　闕首頁　鈔本　一本

明

殉難諸臣録一卷逆賊姦臣録一卷客舍偶聞一卷　鈔本

一本

彭孫貽撰

濕襟錄一卷　舊鈔本　一本

白愚撰

山中聞見錄十一卷　闕三四五三卷　舊鈔本　五本

管葛山人撰

庭聞錄六卷　鈔本　二本

劉健撰

瀋館錄　鈔高麗廣史本　四本

無撰人姓名

一八

潰癰流毒四卷 傳鈔本 四本
鶴 居士撰

夷匪犯疆録六卷 日本鈔本 五本
無撰人姓名

出圍城記一卷 舊鈔本 一本
蘇庵道人撰後有道光丙午春浙江戶部主
事朱昌頤鈔一行

襄理軍務紀略 存四五六三卷又册不記卷數 四本
記咸豐英法犯天津事

避寇紀略一卷 一本

盧棣撰記咸豐十年粵寇至常熟事

漢志武成日月考一卷 稿本 一本

陳以綱撰書衣有朱朱少河題字有錫庚閱

目印

漢事會華人物志 殘稿舊鈔本 二本

惠棟撰

通歷十五卷 卷一至三刪去 舊鈔宋本 二本

唐馬總孫光憲撰有曾為徐紫珊所藏印

丙丁龜鑑五卷續二卷 舊鈔本 二本

宋紫望撰元明人續

一九

史糾八卷　振綺堂藏舊鈔本　二本
明朱明鎬撰有汪魚亭藏閱書印

東國史略十二卷　舊鈔本　六本
無撰人姓名有星原讀過紫珊所得善本寒
木春華印諸印

三韓紀略一卷　日本鈔本　一本
日本伊藤長胤撰

政和五礼新儀二百四十卷　舊鈔本　五本
宋鄭居中等撰

故唐律疏議三十卷　舊鈔本　十一本

律文十二卷音義一卷 鈔本 二本

宋

大元海運記二卷 傳鈔本 一本

胡書農敬自永樂大典輯出即經世大典之海運一

門也後有羅鏡泉以智跋

經幄管見四卷 舊鈔本 一本

宋曹彦約撰

元祕書監志十一卷 劉泖生手寫校本 四本

元王士點商企翁撰後錄嘉慶己巳吴騫跋劉

氏題云同治丁卯七月錄於吴門凡八日而畢卷中

二〇

朱筆悉照拜經樓藏本過錄江山劉履芬記乞巧後一日
又有同治六年唐翰題手跋有彥清善本
彥清珍祕劉氏所藏古紅梅閣劉若芳彥清
諸印

續修漕運全書三十卷　稿本　三十本
阮元撰有山陽丁晏藏書印

內閣小志一卷　鈔本　一本
葉超宗撰書衣有沈樹鏞印均初二印

硃批西林中堂未刻摺
鄂尔泰撰書衣汪稼門手書題并有稼門印

貧士傳二卷 舊鈔本 一本
明黄姬水撰有沈欽韓手校書籍之印

明列卿記一百六十六卷 明鈔藍格本 五十六本
明雷禮撰前有明善堂珍藏書畫印記安樂堂
藏書記印

碧血錄二卷 附周端孝先生血書帖黄册 舊鈔本 二本
黄煜撰

自靖錄六卷 舊鈔本 四本
高埏撰有翰題讀過印

二一

儒林宗派十六卷 舊鈔本 二本
萬斯同撰

祖庭廣記八卷 影鈔元至大刊本 四本
元孔元措撰

司馬温公年譜十卷 舊鈔本 四本
顧棟高撰

王文公年譜考略節要四卷補録一卷熙豐知遇録一卷 稿本 五本
楊希閔撰

忠定李公行狀三卷 影宋鈔本 三本

(出町中井版)

宋李綸撰書衣有讀畫齋印

劉文簡公年譜 影鈔本 一本

宋沈僩撰

王文成公年譜節鈔二卷 二本

明錢德洪撰國朝楊希閔鈔

雲東逸史年譜一卷 沈竹岑手稿本 一本

沈銘彝撰後有嘉興唐翰題觀印

長卿陸子年譜一卷 舊鈔本 一本

陸禮徵宸徵初本周梁俞倩參訂有烏程蔣

景孫求是齋收藏金石書畫記印

二二

張楊園先生年譜一卷 稿本 一本

蘇惇元撰

陳乾初年譜二卷 鈔本 一本

吳騫撰

錢香樹先生行述一卷 草稿本 一本

不著撰人有福地謫仙賀肅公孫翰題印

長壽二印

高氏舊德錄後附嵇古堂文稿 元胡先生文 草稿本

一本

不著撰人疑出唐鷦安翰題手

(出町中井版)

西夏姓氏録一卷 鈔本　一本

張澍撰

歷代年号韻編一卷 舊鈔本　一本

明陳懋仁撰前有茗上陳與郛印一印

東晉南北朝郡縣表十二卷年表十二卷 稿本　八本

徐文范撰

元和郡縣圖志四十卷 舊鈔本　六本

唐李吉甫撰有語古也癡二印

渚宮舊事五卷補一卷 萬素堂鈔校本　二本

二三

唐余知古撰書閣旁有青芝山房鈔書六
字有篤素堂張曉漁校藏圖籍之章惕甫
經眼惕甫借觀王鐵夫閲過諸印

龍瑞觀禹穴陽明洞天圖經一卷 景宋道藏本 一本
宋李宗諤撰

新安志十卷 舊鈔宋本 四本
宋羅願撰後有乾隆己酉胡鑑餘 澂 乾隆丙午
方密庵 輔 二手跋有丁杰校本丁傳經圖書記
諸印

澉祐臨安志 存城府三卷 舊鈔本 一本

(出町中井版)

宋施諤撰有秘冊陳仲魚讀書記宋臨安三志人家仲魚圖象得此書費辛苦後之人其鑒我諸印

新安志補八卷 舊鈔本 一本

明方信撰

成化寧波郡志十卷 鈔本 四本

明楊寔撰

嘉靖吴邑志十六卷 鈔本 二本

明楊循吉撰有唐翰題印唐翰題嘉興唐翰題觀諸印

嘉禾徵獻錄五十卷外紀六卷 鈔本 二本

二四

盛楓撰書衣有唐鷦安手題二則有蕉庵唐翰題

鄧尉山莊諸印

福建通志古蹟校勘記一卷　手稿本　一本

魏本唐撰有稼孫手鈔印

回疆通志十二卷　舊鈔本　十二本

和寧撰

三州輯略九卷　舊鈔本　九本

和寧撰

噶瑪蘭志十四卷　振綺堂録原稿本　八本

柯培元撰

（出町中井版）

先福志十三卷 稿本　　二本
徐傳撰書衣有唐蕉庵手記有唐翰題印
柳邊紀略二卷 鈔本　　二本
楊賓撰
邉州聞見錄 存卷六至十一 舊鈔本　　三本
陳鼎恆撰
蒙古游牧記十卷 闕卷六 稿本　　三本
張穆撰何願船秋濤手校書衣有何氏題以上三
卷有石州父親校手蹟則此爲第五次稿矣又云
秋濤按此爲最後所鈔清本

直隸河渠志一卷 舊鈔本 一本
陳儀撰
莆田縣水利志不分卷 稿本 十本
無撰人姓名
禁扁五卷 景元本 二本
元王士點撰卷三末有至順壬申十一月辛巳望書款
一行有武原馬氏藏書讀史精舍臣盛楓字黼扆
彌丹山得之有道傳之無愧諸印
隆興寺志二卷 舊鈔本 二本
王發枝撰每册首有韓氏藏書印

(出町中井版)

咸賓録三卷　日本舊鈔本　　一本

明羅日褧撰後有近藤守重識語三行前有栗田萬次郎所藏掃葉山房藏書正齋藏三印

四夷館考二卷　鈔本　　一本

不著撰人姓名

東夷考略一卷　鈔本　　一本

明苕上愚公撰

異域瑣談四卷　舊鈔本　　二本

七十一撰

三韓紀略一卷　鈔本　　一本

二之

日本伊藤長胤撰

南島志二卷　日本舊鈔本　一本

日本源君美撰

明職方地圖三卷　明鈔本　三本

明陳組綬撰每册首有獨漉子印

統輿圖四册　駱士奎影寫本　四本

無撰人姓名後有駱士奎跋云道光癸卯夏假蔣
氏别下齋所藏述古堂原本影鈔五閱月而卒事
歲庚戌蕭君笠仙携至滬上聞郁氏藏有此書特
為余借校一過云此本紙墨固佳鈔法亦較勝惟郁

（出町中井版）

本卷首有牧齋翁序文此已割去因手錄序文
寄余之將於暇時補之申酉之亂携以渡江得免
兵火之厄而序文竟無覓處惜哉同治八年四月駱
士奎識下有駱士奎印

秘書省續編到四庫闕書目不分卷 舊鈔本 二本

無撰人姓名前有李申耆先生手書題記云是常
熟張芙川所藏寄以見示因錄副而歸之自来藏
書家不著錄真僅存之秘帙也若訛字多又編
次分類未能精審書名間有複出者無别本是
正不敢改也道光癸巳六月二十一日裝成記于生雲

垂露之軒養一翁下有李兆洛印前有壽陽
祁氏觀齋所藏考劬(此字未詳)所藏書畫二印

內閣藏書目録八卷 舊鈔本 二本

後有萬曆三十三年歲在乙巳內閣敕房辦事大
理寺左寺副孫能傳中書舍人張萱秦焜郭安
民吳大山奉中堂諭校理並纂輯共六行有雪
苑宋氏蘭揮藏書記友竹軒諸印

菉竹堂書目不分卷 舊鈔本 一本

明葉盛 有紅豆書屋惠棟之印宇諸印

百川書志二十卷 舊鈔本 六本

(出町中井版)

明高儒　有竹泉珍秘圖籍謏聞齋二印

近古堂書目二卷　傳鈔本　二本

明無名氏

又一部　鈔本　二本

後有同治六年趙小琴仲洛題記有小脈望館趙

趙氏南陵堂圖記諸印

脈望館書目不分卷　仁和勞氏鈔校本闕集部　二本

明趙琦美

萬卷堂書目不分卷　遲雲樓舊鈔本　二本

明朱睦㮮　書口有遲雲樓定本欵

二八

聚樂堂藝文目錄十卷　鈔本　三本
　明朱睦㮮
天一閣書目不分卷　舊鈔本　二本
　目分三十二櫥在阮氏編目之前　有慈谿章氏大
　鄞山房藏書畫印
南雍經籍考二卷　鈔本　一本
　從南雍志鈔出
本朝經籍考十一卷　舊鈔本　四本
　從續文獻通考中錄出有丁揚善印少山二印
全唐詩未備書目

（出町中井版）

明詩綜采集書目

兩淮鹽筴引證群書目

竹垞行笈書目

朱彝尊 後馮柳東登府跋及唐蕉庵手跋

傳是樓書目不分卷 舊鈔本 四本

徐乾學 每册首有平江黄氏圖書印

又一部 傳鈔本 六本

與黄蕘圃鈔本不同

培林堂書目不分卷 二本

徐元文

二九

曹楝亭書目四卷　傳鈔本　四本
曹寅
口氏進呈書目一卷　舊鈔本　一本
抱經樓書目不分卷　舊鈔本　四本
盧址
知聖道齋書目八卷　鈔本　一本
彭元瑞
鑑止水齋書目三卷　舊鈔本　三本
許宗彦
振綺堂書目二册　鈔本　二本

（出町中井版）

陳奐編

帶經堂書目四卷　鈔本　二本

陳樹杓

浙江進呈書檔冊　鈔本　一本

官撰

選定天祿琳琅宋本書目　鈔本　一本

彭元瑞

經義考補目四卷　鈔本　四本

羅振玉補錄

草月樓目四卷　鈔本　三本

日本無名氏

漱芳閣書畫記　宋元本之部　鈔本　一本

日本淺野長祚

讀書指南　鈔本　一本

日本市野迷庵

金石錄目十卷跋尾二十卷　明謝行甫手景宋本　三本

宋趙明誠撰後有崇禎庚辰葉奕分書二跋沈

石天顥跋及馮彪葉萬觀款書腦及籤題皆沈石

天筆有石天沈顥之印二印

又一部　舊鈔本　二本

（出町中井版）

後有乙酉四月識卷內有朱校不知何人有徐紫珊秘
笈印渭仁二印

嘯堂集古錄二卷 影宋鈔本 二本

宋王俅撰後有乾隆戊申八月吳門陸沅得于白門陶
秋艇明經款一下有字曰清伯印前後有顧士堅銘三
部泰曾在鮑子年處執蓋郎鮑氏觀古閣藏陸沅
私印蘇門陸僎曾在陸樹蘭處鮑康讀過陸沅字
冰篁陸僎字樹蘭古吳陸僎珍藏之章陸沅藏本
橘考石康之裔吳門陸僎鑒藏觀古閣印諸印

寶刻叢編二十卷 舊鈔本 十本

宋陳思撰前有光緒丙子孔少唐廣陶題字

輿地碑目四卷 孔補孟鈔校本 二本

宋王象之撰卷首有乾隆丁酉二月十九日乙卯書（下有廣根印）又有道光癸未八月昭薰借閱一過（下有孔昭薰印）二款卷一首頁書眉有題識云此朱鴻臚豫堂先生小史所鈔頗有誤字餘姚邵孝廉粗校一過未能盡正也 象之非專為碑記而作摘出單行不知誰始而象之全書徐玉峰朱竹垞猶見之云乾隆庚寅二月十五日大雲山人記於南昌舟次卷二末有題識云乾隆丁酉二月十二日戊午春分校是日大風午後

（出町中井版）

陰卷四後又有題識云丁酉二月十八日校完補孟有伯
齡畬三徑別墅珍藏等印

籒史一卷　舊鈔本　一本
宋翟耆年撰有艮善印信丁少山二印

二王帖目錄評釋一卷　舊鈔本　一本
宋許開撰

寶刻叢鈔一卷　五硯樓鈔本　一本
元陶宗儀撰後有陳仲魚鱣兩手跋并錄周嘉猷
一跋顧廣圻三跋有海寧陳鱣觀並省齋樹鏞私
印松江沈氏均初校藏金石書籍善本印記

又一部　一本

有吾進私印張燕昌印白苗嘉穀張氏珍藏子子孫孫其永保之雙清閣印諸印

元牘記不分卷　鈔本　二本

明盛時泰撰

金石文七卷　鈔本　一本

明徐獻忠撰

墨華通考十六卷　鈔本　四本

明王應遴撰

金石表一卷　附竹垞補遺　鈔本　一本

（出町市井版）

曹溶撰

天發神讖碑考一卷 舊鈔本　一本

周在浚撰書衣有徐子晉題記有半瓦齋黄均私

印文窩雪樵寶董室珍藏印諸印

續古刻叢鈔不分卷 稿本　一本

無撰人姓名前有山舟梁同書印曾經幔亭手披諸

印

嵩陽石刻集記二卷紀遺一卷 舊鈔本　二本

葉封撰有金石洞天熙泰私印金石洞天長樂

諸印

金石存十五卷 舊鈔本 六本
吳玉搢撰前有丁艮善印少山二印上有校語不
知出誰手
金石文字目不分卷 手稿本 一本
不著姓名書口有竹林書塾四字有已爲奚受
郙有世榮印信長樂徐氏玉林堂印
金石萃編元代碑録不分卷 未刻稿本 三本
王昶撰至順二年加封孔子父母詔後有文昭校
三字
十六長樂堂古器款識考四卷 鈔本 一本

錢坫撰
武林訪碑錄　稿本　二本
黄易撰前有仲魚圖象得此書費辛苦後之人
其鑒我鄭祖琛印諸印
太山石刻記一卷　鈔本　一本
孫星衍撰
竹崦庵碑目　鈔本　二本
趙魏撰
上虞金石志略一卷　舊鈔本　一本
錢玫撰

三一四

濬縣金石録二卷 鈔本 一本
熊象階撰
樂毅論翻刻表 手稿本 一本
翁方綱撰書衣有鄭齋校閲本樹鏞二印
歷代石經略一卷 舊抄校本 一本
桂馥撰有印林手校印末有許印林手録桂未谷跋
蘇齋題跋 鈔本 一本
何溱輯録
海東攟古志
昭陵復古録

（出町中井版）

貞珉闡古録

佛幢證古録　四種同本　鈔本

右四種劉喜海撰有會稽章氏式訓堂藏印

題名集古録一卷　鈔本　一本

劉喜海撰

攈古録手校稿本　闕第三本及元以後　十四本

許瀚為吴式芬撰

埶文考略四卷　稿本　十本

宋經畬撰後有丁松生題詩四絶

畿輔碑目二卷待訪碑目二卷　鈔本　一本

樊彬撰

鳴野山房彙刻帖目四卷 鈔本 四本

沈復粲撰

續中州金石考一卷 稿本 一本

常茂徠撰

績語堂碑錄 未刻稿本 存魏齊周三朝 二本

魏錫曾撰 其子魏本誠手寫

開成石經縮摹本 存孝經一卷 公羊一卷 二本

魏錫曾手錄

又公羊傳 一本

又孝經　一本

同　一本

涇川金石記一卷　魏稼孫手寫本　一本

趙紹祖撰魏稼孫手錄本後有同治癸酉魏錫曾跋

清儀閣題跋　手輯稿本　一本

魏錫曾輯有稼孫手鈔印

金石學錄補　稿本　一本

不書撰人書衣有魏稼孫手題殆出其手

魏稼孫金石雜錄稿本　手稿本　一本

三又

魏錫曾

甘泉鄉人金石跋文三卷　書鈔閣寫本　一本

錢泰吉撰書衣有周季况題記

續寰宇訪碑録初稿　手稿本　一本

趙之謙

二金蝶堂雙鉤漢碑十種序跋　手稿本　一本

趙之謙撰書衣有魏稼孫題記末有稼孫審

定印

二十三家金文目　存張陳葉吳曹阮丁七家　鈔本　一本

不著撰人

（出町中井版）

懷岷精舍金石跋一卷 稿本 一本
李宗蓮撰
毛公鼎釋文一卷 鈔本 一本
吳大澂撰
和林金石錄一卷 影鈔稿本 一本
李文田撰
簠齋金文考釋一卷 手稿本 一本
陳介祺撰
六朝石存目八卷 稿本 二本
王懿榮撰

三七

錢神志殘本　舊鈔本　四本
不著撰人
日本古京遺文一卷　鈔本　一本
日本狩谷望之撰

子部

晏子春秋八卷 景元本 一本

有朱珪盤陀老人錫庚閲目諸印

商子五卷 嚴鐵橋鈔校本 一本

後有嚴鐵橋可均楊見山峴陳碩甫奐三跋

道德真經注四卷 明鈔本 一本

宋蘇轍撰有橫秋館徐康等印

南華真經義海纂微 存十六至二十一卷 藍格明鈔本 一本

褚伯秀撰

三八

孔叢子七卷　景元本　五本
有景孫欽現印
春秋繁露　存卷一至卷六　藍格明鈔本　一本
書口有有喜堂三字
崇正辨三卷　明鈔本　六本
宋胡寅撰有謙牧堂藏書印青萍居芷三兼
牧堂書畫記巴陵方氏碧琳琅館珍藏秘篇
方家書庫諸印
辨道一卷　鈔本　一本
日本物茂卿撰

中華古今注三卷　明鈔本　二本

五代馬縞撰目録後有一題詩云從來事物有根源

學問無他在究元若説良知知得盡敏求好古亦虚

言天畦灌叟謾題卷末有嘉靖丙午六月二十八日天

畦灌叟校完款二行有至樂堂印虞山錢曾遵

王藏書二印

牛羊日曆一卷　舊鈔本

唐劉軻撰首有嗣立之印顧俠君秀埜草堂顧

氏藏書印三印

南窓紀談一卷　舊鈔本　合一本

三九

宋無名氏撰首有嗣立之印顧俠君秀埜草堂
顧氏藏書印三印

鈎磯立談一卷　傳鈔潛采堂本　一本

南唐史□撰後有章碩卿壽康識語有
壽康手鈔印

巖下放言三卷　明鈔本　一本

宋葉夢得撰書衣有乾隆三十八年十一月浙江
巡撫三寶送到范懋柱家藏岩下放言一部
計書一本木記首頁有翰林院印及犀盦藏
本印

猗覺寮雜記二卷　舊鈔本　二本
　宋朱翌撰

續墨客揮犀十卷　鈔本　一本
　無撰人姓名

能改齋漫錄十八卷　舊鈔本　四本
　宋吳曾撰末有道光壬辰蓮花生日以墨海刊
　本吳門擺印本校昰記一行下有立齋校藏印
　每冊首有有九思齋印

賓退錄十卷　藍格明鈔本　二本
　宋趙與旹撰書末有正德四年八月　日鞏昌

府刊一行蓋從正德本移録也

吹劍録十卷　藍格明鈔本　二本

宋俞文豹撰

湖海新聞夷堅續志前集十二卷附新編湖海新聞夷堅續志綱目新聞分類江湖紀聞各一卷　日本五山鈔本

一本

無撰人姓名惟末卷有翠岩精舍重編及大觀郭霄鳳雲翼款

霏雪録一卷　明鈔本　二本

明劉績撰

立齋閒錄四卷 藍格明鈔本 四本

無撰人姓名有桐鄉曹氏吹雲閣珍藏十萬卷樓藏書王端履字福將號小穀諸印

松窗夢語八卷 舊鈔本 四本

明張瀚撰末有嘉慶丁卯十月傳仁和趙氏竹崦庵本通介叟記有以文不翁梅庵諸印

席上輔談二卷 舊鈔本 二本

明俞琰撰前有石倉藏書之印

史明古札鈔不分卷 明鈔本 四本

錄前人詩文及題跋有史鑑之印離墨山人諸

卌一

印

稽瑞錄一卷 舊鈔本 二本

明劉賡撰有歙鮑氏知不足齋藏書丹鉛精

舍印

坦菴枕函待問編五卷 鈔本 一本

明徐石麒撰

讀書雜記 傳鈔稿本 一本

王紹蘭

謗辨一卷 手稿本 一本

人日生人撰 乃羅聘別號 首有人日生人及喜字印

(出町中井版)

芝省齋隨筆未定之卷日知錄續補正三卷　手稿本

李遇孫前有道光十有八年正月諸暨葉敬讀

過一行下有葉敬曾觀葉去病二印

沈竹岑札記手稿　一本

沈銘彝

從朔編　手稿　一本

沈銘彝撰

舊車重題　手稿本　一本

沈可培

美芹十論　鈔本　一本

四二

宋韋棄撰

籌邊一得 鈔本　一本

明易文

紀效新書十四卷 明鈔本　八本

明戚繼光撰

觀象玩占四十八卷 明鈔本　二十八本

五行類事占七卷 精鈔本　六本

金張正之撰

天文圖象書無卷數 明鈔本　十本

無撰人姓名及書名

（出町中井版）

儀象圖不分卷　舊鈔本　二本

無撰人姓名

太乙統宗二十卷　高麗鈔本　六本

元無名氏撰有大德七年曉山老人序

烟波釣叟歌十二卷　明鈔本　一本

題宋趙普撰羅通注池紀解首有錢熊之印

山民武略將軍葉氏菉竹堂藏書諸印

六壬神樞經二卷　紅格明鈔本　一本

題東山先生撰

華節危言四卷　闕三四兩卷　日本舊鈔本　一本

卅三

明戴廷槐撰

幾何原本六卷　明鈔本　二本

明利瑪竇徐光啓譯

空際格致二卷　舊鈔本　二本

明極西耶蘇會士高一志撰

交食舉隅一卷　舊鈔本　一本

惠士奇撰有王鳴盛印鳳喈二印

玄珠密語十七卷　日本舊鈔道藏本　三本

唐啓元子撰每册首有森氏印

傷寒總病論六卷　日本舊鈔本　三本

宋龐安時撰前有清水寺圖書記印後有丹
波元簡錄張文潛跋

三因極一病證方論十八卷　景宋小字本　七本
宋陳言撰末有森立之手記二則每卷有養安
院藏書正健珍藏青山求精堂藏書畫之記
森氏開萬冊府之記諸印

備急救法一卷　景宋鈔本　一本
宋闕人名年撰後有養安院正健誌語前有青
山求精堂藏書畫之記森氏開万冊府之記二印

嶺南衛生方三卷　日本舊鈔本　一本

不著撰人姓名後有丹波元堅誌語前有希暇

齋讀本記印

儒門事親三卷　日本景元鈔本　一本

金張子和撰後有伊澤信恬跋又有朱書一行

署愷記不知何人

澹寮集驗秘方十五卷　日本舊鈔本　十四本

元釋繼洪撰後有森立之手書識語每卷首

有森氏弘前醫官澁江氏藏書記青山求

精堂藏書畫之記藍川家藏諸印

濟生拔萃方十八卷　日本景元刻本　四本

（出町中井版）

元杜思敬輯每卷有森氏開萬册府之記

松峯説疫六卷　日本鈔本　六本

劉奎撰有伊澤氏酌源堂圖書記青山求精堂藏書畫之記森氏開萬册府之記諸印

覆載萬安方六十二卷　日本鈔本　闕卷一卷四卷八卷十二十八及二十以下

十八本

日本惺全集每卷末有森立之題字有撫松亭叢書記岡氏壽藏二印

有林悲田方卷十三　日本鈔本　一本

無撰人姓名有岡氏壽藏撫松亭叢書記實

子五

事求是書樓古書保存之章

婦人大全良方二十四卷目一卷　日本傳録高麗活字本　九本

宋陳自良撰後有丹波元胤題誌每卷有青山求精堂藏書畫之記森氏開萬冊府之記諸印

産育保慶方二卷　日本鈔本　二本

宋郭稽中撰有森氏等印

活幼口議二十卷　日本鈔本　四本

明曾世榮撰後有丹波元胤誌語前有森

氏關万册府之印等印

食醫心鑑一卷 日本舊鈔本 一本

唐昝殷撰後有丹波元堅及森約之題記此

書久佚此從醫方類聚輯出者有森氏等印

又一部 同上 一本

飲膳正要三卷 日本影鈔成化本 三本

元常普蘭奚撰有森氏等印

唐新修本草 存卷四五及十二及十五十七至二十 日本影唐卷子本 十本

唐李勣撰有森氏等印

四七

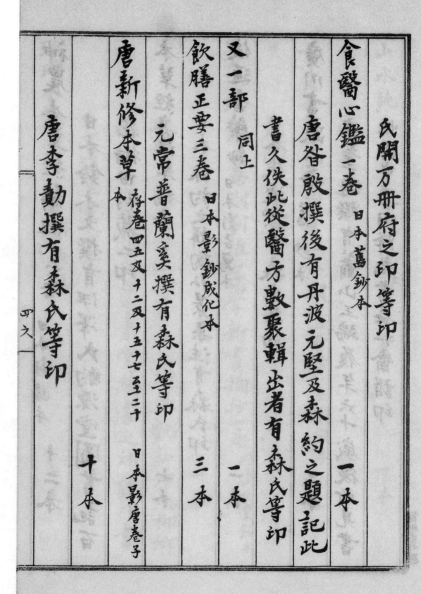

神農本草經解故十二卷　日本鈔稿本　十二本

日本鈴木文撰有伊澤氏酌源堂圖書記百

花街田村藏二印

本草經集注草稿本　七本

日本森約之輯陶弘景集注有森氏印

後通香藥鈔　日本影古寫本　一本

日本後通撰有森氏等印

廣川畫跋六卷　舊鈔本　二本

宋董逌撰有蕭山王端履年六十歲後所見書

惟丙申吾川降光當益壯齋諸印

（出町中井版）

山水純全集一卷 舊鈔本 一本

宋韓拙撰

書史會要九卷補遺一卷 闕一二兩卷 日本鈔本 三本

元陶宗儀撰

墨池瑣錄四卷附劉惟字學新書摘抄一卷 明淡生堂鈔本 一本

明楊慎撰前有二樹書畫之印張凱私印次柳所藏秘本淮陽張氏崇素堂藏書之印諸印書口有淡生堂三字

珊瑚木難目錄一卷 明鈔本 一本

四七

有鴛湖華氏聚經書屋審定繕本葉樹廉印

石君諸印

鉄網珊瑚書品目録 存卷一至四 明鈔本 四本

明朱存理撰有含青樓藏書記傳經堂鑒藏

諸印

續書畫題跋記五卷 舊鈔本 二本

明郁逢慶撰有大興朱氏竹君藏書印茶花吟舫

少河諸印

舊鈔書畫記不分卷 舊鈔本 二本

無撰人姓名有葆真閣主人圖書以 師氏硯頼

(出町中井版)

主人珍藏硯賴館藏書畫感如氏藏書印章

溪讀本諸印

書畫大觀錄二十卷　舊鈔本　十四本

吳升撰有陳萬章印字崑瑜從吾所好齋藏

韓氏藏書玉雨堂印諸印

法書二卷名畫二卷　舊鈔本　八本

松泉老人撰中有周季況題誌有渭仁

麓臺題畫稿一卷　舊鈔本　一本

王原祁撰前有趙光照書畫印

山左書畫志略十三卷　稿本　一本

秦溪撰　許印林手校

格古論要五卷　明鈔本　一本

明曹昭撰　首有王飛所藏印

花史左編二十四卷附録二卷　日本鈔本　四本

明王路撰

竹嶼山房雜部二十二卷　舊鈔本　六本

明宋詡撰　有宣城李氏瞿硎石室圖書印

記一印

北里誌一卷　塘棲勞氏鈔校本　一本

唐孫棨　末有壬子十月以鮑氏知不足齋所藏

書藏鈔本傳寫丹鉛生題記朱書一行又卷
中有朱墨校記
大方廣圓覺略疏注經四卷　日本古寫本　四本
唐釋宗密撰
釋圓覺經等五種　朱文正公手寫本　一本
後有璞存居士記
夾注輔教編原教要義　存卷一　景元本　一本
宋釋契嵩撰後有延祐庚申八月日奉佛清
信女阿台證意及校留平江路城西幻住禪菴流
通二行景鈔出章式卿手

四九

法苑珠林述意二卷　明斐几齋鈔本　二本
明周天球彔輯前後皆有嘉靖四十年春吳
郡周天球彔輯手書題識下有周公瑕氏印

續高僧傳殘卷　傳寫唐卷子本　一本

大藏一覽十卷　舊鈔本　五本
宋陳實編

北堂書鈔一百六十卷　藍格明鈔明裝本　十二本
唐虞世南等撰有王保瑛茱花吟舫大興朱
氏竹君藏書之印三印

新刊監本冊府元龜殘本 存卷二十八至四十五 五十三至八十八 明鈔本

十本

宋王欽若等撰

分門古今事類 存卷十四至十七 四庫全書殘本 一本

無撰人姓名

喻林五十卷 稿本 二十四本

明華陽子輯每冊有童濂字曰廉水石塘二印

廣喻林內外編共三十卷 稿本 二十本

顧伯宿撰

御定騈字類編三十二卷 內府寫本 六本

五〇

述聞類編十二卷 舊鈔本 二本

謝晉撰

(出町中井版)

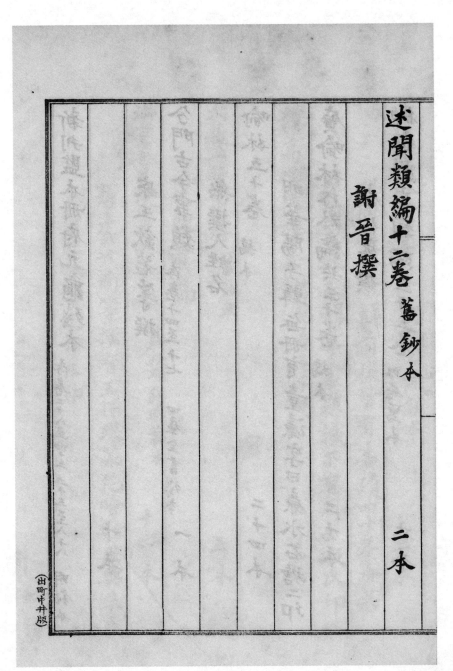

集部

寒山詩集附豐干拾得詩 景宋寫本 一本

唐寒山子撰

李元賓文編三卷外編二卷 明葉石君舊鈔本

唐李觀撰有樹廉石君讀書林屋洞天家在五

湖樸學齋歸來草堂諸印

李商隱集三卷 錢牧齋手鈔校本 四本

唐李商隱撰書衣有東澗家舊鈔善本牧翁校

宋本數過又有分書李義山詩集舊鈔本辮雲

主人手書二欵目後有古吳趙陸紹曾讀錢牧齋

早年手鈔校本字二行末有同治二年六月在泰州旅邸拜讀一過錫山沈梧下有旭亭鑒賞印款二行有四如山樓開萬起宗畢萬之後仲雩曾孫震亭馮氏藏寺上黨潤筆軒虞山張芙鏡芙川信印蓉鏡芙川琴川張氏小瑯嬛福地藏書小瑯嬛福地秘笈希世寶曾藏張蓉鏡家味經書屋收藏諸印

唐皮日休文藪十卷 景元本 四本

唐皮日休撰有曾在陽湖惲氏惲叔子鑒賞印諸印

杜荀鶴文集三卷 章式卿臨寫海虞馮氏手校宋本 二本

唐杜荀鶴撰後有章氏手校云光緒丙戌借咫

進齋藏馮氏元本校汲古閣本上越壬辰七月閒
居多暇手錄一本前有會稽章壽康藏印

司空表聖文集十卷　舊鈔本　二本
唐司空圖撰

穆參軍集三卷遺事一卷　鈔本　一本
宋穆修撰

河南尹先生文集二十七卷附錄一卷　舊鈔本　二本
宋尹洙撰有蘭味軒臣恩復秦伯敦父石研齋
秦氏印惠定宇借觀諸印

黄樓集二卷　鈔本　一本

宋蘇軾撰

寶晉山林集拾遺四卷　舊鈔本　一本

宋米芾撰有寒木春寒館印紫珊所得善本

二印

拙齋文集二十卷　舊鈔本　四本

宋林之奇撰有紫珊所得善本渭仁桐華仙館

諸印

龜溪集十二卷　舊鈔本　二本

宋沈與求撰有四庫著録錢唐丁氏正修堂藏

書二印

（出版中縮版）

芸庵類稿六卷 存前二卷 舊鈔本 一本
宋李洪撰有勞權印平甫學林堂等印
知稼翁集十一卷詞一卷附録一卷 舊鈔本 二本
宋黄公度撰有徐時棟秘笈印柳泉書屋徐
時棟印城西草堂弗學不知其善諸印
雪溪詩五卷補遺一卷佚文一卷 舊鈔本 一本
宋王銍撰
羅鄂州小集六卷附録一卷 舊鈔本 二本
宋羅願撰有謙牧堂藏書記寒木春花館印紫
珊所得善本渭仁諸印

廿三

方泉詩三卷　朱竹垞手寫本　一本

宋周文璞撰有朱彝尊印竹垞鷗舫茶花吟舫
大興朱氏竹君藏書之印朱筠之印朱錫庚印徐
紫珊秘笈印紫珊所得善本銅井寄廬諸印

松垣文集十一卷　舊鈔本　二本

宋幸元龍撰有寒木春花館印紫珊所得善本
二印

芳蘭軒集一卷　舊鈔本　一本

宋徐照撰有紅谷張穆之印二印

南海百詠一卷　舊鈔本　一本

宋方信孺撰有讀畫齋印

遺山先生新樂府五卷 舊鈔本 一本

金元好問撰有蔣維培印季卿二印

松雪齋文集一卷 舊鈔本 一本

元趙孟頫撰有季滄葦藏書印部泰雨香齋收藏印呂華之印文厚諸印

默庵安先生文集五卷 明鈔本 一本

元安熙撰末有題識云天啓歲乙丑二月寓梵門橋徐氏舒嘯閣錄孟餘前有瓚川吳氏收藏圖書曾藏汪閬園家二印

存悔齋詩一卷 鈔本 一本
元龔璛撰
剡源先生文集三十卷 舊鈔本 八本
元戴表元撰
周此山先生詩集四卷 舊鈔本 二本
元周權撰有劉喜海燕庭二印
陳定宇先生文集十四卷 舊鈔本 四本
元陳櫟撰書口有裘杼樓欵有敬翼堂印平陽藏書休陽汪氏裘杼樓藏書印碧巢秘笈定本諸印

梅道人遺墨一卷梅庵稿一卷　鈔本　一本

元吳鎮撰

所安遺集一卷　舊鈔本　一本

元陳泰撰有徐紫珊秘笈印寒木春花館印二

印

又一部　鈔本　一本

閑過齋集四卷　鈔本　四本

元吳海撰

華陽貞素文集八卷附錄一卷　舊鈔本　四本

元舒頔撰有潤州蔣氏藏書白堤錢聽默經眼二

印

方叔淵遺稿一卷　舊鈔本　一本

元方瀾撰有甬上叢碧樓董氏金石書畫圖籍

藏印二印

蒲菴集三卷　明仿元鈔本　一本

元釋曇鍠法住編有澄谷印

虞山人詩三卷　舊鈔本　一本

元虞堪撰前有鮑以文手書識語云自識云三百

三十三首今本只二百九十三首凡鈌四十首予別有

鼓枻稿共四本三百二十一篇此據趙本耳又有

(出町中井版)

勞季言手題云此長塘鮑氏知不足齋藏本乙巳春仲從吳山寶書堂收得詩僅二百九十四首與自識所云三百三十三首之數不符戊申三月陶鼎翁復以舊鈔本見示多詩三十九首因命小史映郎補足并目錄八葉鮑氏所藏鼓枻藁今歸上元朱述之大令他日當借校之舟鉛生勞季言識又云映郎錄得數首旋以病輟因命人補完殊憚惓前有學古堂印王熙甫氏天香書屋仲氏六游餘春館仲氏伯子勞格季言真畫軒仲藝之印六游後有仲藝印信中山小辯齋銅井寄廬諸印

鼓枻稿一卷　鈔本　一本
元虞堪撰
全歸集六卷　舊鈔本　三本
元張庸撰書口有漱石山房四字
永嘉集十二卷　舊鈔本　二本
明張則明撰有琴川張氏小嫏嬛清秘精鈔秘册
鏡蓉私印慧福天喜仙館主人佛柰仙館芙初
女史姚畹真印張伯元別字芙川等二十八印
說學齋稿不分卷　鈔本　一本
明危素撰

(出町中井版)

臨安集詩五卷文集五卷 舊鈔本 一本

明錢宰撰有蕭山蔡陸士藏玩書畫鈐記且州

寶祕青烟紅雨山房諸印

臨安集六卷 舊鈔四庫輯本 二本

明錢宰撰有郘氏二雲晉涵二印

高青邱詩選不分卷 舊鈔本 二本

無撰人姓名有金衍登印雲峰二印

擬古樂府一卷 舊鈔本 一本

明李東陽撰有大興朱氏竹君藏書之印茶花

吟舫二印

龍川駢語一卷附銷夏錄一卷徐子與青蘿閣詩選一卷　二本
藍格明鈔本

明紫芝堂主人撰

覺庵存稿四卷　舊鈔本　二本

明查秉彝撰有吳免狀書籍印千元十篤人

家藏本二印

投筆集一卷　鈔本　一本

錢謙益撰錢曽箋

孫子雜着一卷　傳鈔稿本　一本

孫奇逢撰

蒿庵集三卷附錄一卷 紅豆齋舊鈔本 二本

張尔岐撰有璜川吳氏收藏圖書吳省蘭印稷堂諸印

江漢文集九卷 舊鈔本 四本

題周次公撰實即侯朝宗壯悔堂集也

帶存堂集詩七卷文十卷 舊鈔本 五本

題越北退夫曹□撰後有吳免牀手跋云右帶存堂集凡詩七卷文十卷去秋購於苕賈拇張水之先生蝨獲軒筆記己未十二月朔日一條云曹叔則先生語溪人名度明末諸生著有板錄分三大紫東

林廠衛關塞于其事之始末言之甚詳今已燬於火叔則著述甚夥其子某君以其中多涉時事扃鐍一篋有求觀者概拒絕之日久半飽鼠魚之腹最後乃付之一炬云陳物表向余言物表曾之自出也然則此本實人間難得之書可以入幸存録者能勿珍諸嘉慶丙辰中秋前三日吳騫記於夜明竹軒下有墨陽小隱印

窺園百二詩一卷 稿本 一本

程先貞撰

湖海集六卷 舊鈔本 一本

(出町中井版)

沈用濟撰有江山劉履芬彥清甫收得一印

亦庵詩稿不分卷 稿本 二本

楊□撰

彭麓詩鈔不分卷 稿本 八本

陳達可撰

聞漁閣續集一卷瓠屋漫稿一卷 手稿本 二本

萬光泰撰有光泰光泰之印小字蝬董醅印湯聘

伊印聘伊曾藏諸印

萬氏遺書 稿本 五卷 五宗圖說一卷方程管窺一卷元氏略一卷姓苑拾遺 五本

萬光泰撰

師白齋詩集八卷 稿本 四本

莊炘撰

敬恕翁詩稿一卷 稿本 一本

不著撰人前有陸繼輅觀款

大雲山房文稿 鈔本 二本

惲敬撰

風希堂詩集 稿本 一本

戴 撰

鈕非石文集一卷 稿本 一本

（出町中井版）

鈕樹玉撰有侒漢齋藏宋元槧經籍記考

訪等印

復初齋外集 魏氏績語堂鈔本 二本

翁方綱撰魏錫曾輯

依竹山房集 稿本 四本

沈可培撰

殘本文稿 稿本 一本

徐日都撰

許印林先生未刻稿 一本

許瀚撰

之四

文選筆記八卷　手稿本　四本

許巽行撰

又一部　二本

又一部　一本

札記一册　手稿　一本

許巽行撰

聖宋文選　存卷七至十　藍格明鈔本　一本

不具編輯人姓名

吳都文粹　存卷一至四　鈔本　二本

宋鄭緯臣集有花萼堂秀水朱氏潛采堂圖

(幽町中井版)

書二印

天下同文前甲集五十卷　鈔本　二本

元周南瑞輯

高氏三宴詩集三卷附香山九老詩一卷　景鈔夷白堂本

一本

唐高正臣集有二癡印

九僧詩一卷　華古齋鈔本　一本

後有佘蕭客錢聽默跋有新安汪氏啓淑信印

勤藝堂印儷笙復閱諸印

宋人小集　鈔本　許石屏詩　茶山集　梅屋吟　西麓詩稿

橘潭詩稿　北窗詩稿　雪波小稿二卷

六一

山居存稿八種　舊鈔本　四本

聲畫集八卷　舊鈔本　八本

宋孫紹遠集有詩龕居士存素堂圖書印詩龕書畫印詩龕墨緣梧門書畫之章

圭塘欸乃一卷　舊鈔本　二本

元許有孚編後有彭芸楣朱書跋語前有桐華仙館印

草堂雅集七卷　舊鈔本　六本

元顧瑛編前有戴松川（門カ）手題前有曹溶檇李曹氏藏書印鄂莊所藏五硯樓袁氏又愷廷檮之

（出町中井版）

印嘉興戴光曾鑒藏經籍書畫印等後有五
硯樓袁氏收藏金石圖書印

羣英珠玉五卷 鈔本 一本
明范士衡集編

列朝詩集 存乾集一卷 前編三卷 甲集三卷 乙集二卷 丙集三卷 丁集上卷 閏集全 舊鈔本 七本
錢謙益編有吳越後人鍾瑛之印錢氏湘浦諸印

虞山詩派甲集不分卷 明鈔本 一本
不著撰人有十五松山房鄭蔭樓恪古堂二印書
衣褚逢春記云吾人仁兄于鹿城書攤收得河東君

所畫牡丹及此書皆絳雲劫火所留是集所錄
悉虞山人爲牧翁手定而無序文亦不見刊本字
跡古雅疑陸貽典鈔本當以印記核之癸巳秋八
月初十日長洲褚逢椿記下有仙根印

苕溪漁隱叢話前集六十卷後集四十卷 舊鈔本 十四本
宋胡仔集每册有北平黄氏萬卷樓圖書印首册
有翰林院典簿廳關防養素堂藏書諸印

關於京都大學附屬圖書館藏《羅氏藏書目録》

道坂昭廣

京都大學附屬圖書館中有一部以《羅氏藏書目録》爲題的鈔本。翻開第一頁，可以看到用朱筆記録的識語，大意爲：

從大正元年（一九一二）到二年交際的時候，羅振玉氏有意將其藏書寄託給京都大學，而本學附屬圖書館在一段時期内保管了他的藏書，並於開始製作目録時將其謄寫。然而不久，羅氏希望取消寄託，因此本圖書館於大正三年（一九一四）時最終把藏書歸還給了羅氏。

大正十三年（一九二四）初春山鹿記

從識語可以得知，這是爲了躲避一九一一年辛亥革命和動蕩的北京政局而來到日本的羅振玉的藏書目録。羅振玉於一九一三年在浄土寺（京都城市内的地名）修建了名爲「永慕園」「宸翰樓」的宅邸，並在其中建造了「大雲書庫」收納藏書。這本目録，就是他從剛剛來日之後直到移至大雲書庫的這段期間里，將藏書保

管於京都大學時的目録①。

一

寫下該識語的「山鹿」，應該是山鹿誠之助先生。山鹿誠之助（一八八五—一九五六），是爲附屬圖書館的充實做出了巨大貢獻的京都大學圖書館館長新村出博士（一八七六—一九六七。館長任期一九一一—一九三六。也是傑出的語言學家）最爲信賴的司書官。而山鹿先生在東京帝國大學畢業後，明治四十五年（一九一二）三月三十一日（當年七月改元大正）成爲了京都帝國大學附屬圖書館司書。此後，於大正九年（一九一八）十一月十三日晉升爲司書官，直至昭和十二年（一九三七）二月二十日退休。從他製作京都大學的最初藏書目録《京都帝國大學附屬圖書館和漢書目録第一総記》一事便可得知，山鹿先生是精通日中古籍的人物②。羅振玉的來日，得到了京都大學狩野直喜和内藤湖南等中國學研究者的協助，羅氏的藏書也託付給了最能夠理解其價值的人。

正如山鹿先生的記録，《羅氏藏書目録》共分爲七册，其中有薄有厚，分爲「經」「史」「子」「集」和「叢書部」各一册，「宋元本之部」和「鈔本之部」各一册。「宋元本之部」包括宋元書目，加之善本書目（多爲明版中的優

---

① 關於此目録，除了井上進教授《舊書筆記〈羅氏藏書目録〉》（《書林の眺望》，東京：平凡社，二〇〇六，二七六—二八二頁）以外，還有道坂昭廣《京都大學附屬圖書館藏〈羅振玉藏書目録〉介紹》（《國際漢學研究通訊》第十期，北京大學出版社，二〇一五，一八五—一九九），本文即據此改寫。

② 他還爲《恭仁山莊善本書影》（大阪府立圖書館編纂，一九三五）中所收録的書目撰寫了解説，也就是内藤湖南先生所藏的善本。此外，杏雨書屋編《新修恭仁山莊善本書影》（大阪：武田科学振興財團，一九八五）中也附有羽田博士寫的《山鹿誠之助氏略伝》。

秀刻本)和評校本書目。前五册是普通書目録，後二册爲善本書目録。

不過，該目録中有諸多謎團至今難解。第一點，是普通書目録的五册和善本書目録的二册接收登録的時期不同，前五册的登録日期是昭和五年(一九三〇)十二月五日。後二册的登録日期是大正二年(一九一三)五月十日。第二點，是本應在大正二年被「謄寫」，在大正三年之前完成的該目録上，不知山鹿先生爲何在大正十三年(一九二四)寫下識語。第三點，既然是「謄寫」，那應該就有原本的存在。這本目録的文字確實是日本人所寫(京都大學附屬圖書館保存的底賬里，有前五册爲「本學謄寫」，後兩册是「後藤清洞」的文字)。那麽，這本目録是以何爲原本的呢？而且，最大的謎團就是羅振玉的年譜和山鹿氏的識語之間的時間出入。

最後這個最大的謎團，是解決上述三個問題的基礎。在此，先來確認一下羅振玉從來日開始到遷居「永慕園」宅邸，直至「大雲書庫」完工這段時期的狀況。

一九一一年十月，武昌起義。北京的政局隨之不安。内藤湖南、狩野直喜、富岡謙藏等京大教員勸羅振玉來日，並告知可以將藏書寄存於京都大學圖書館。羅振玉與藤田豐八(號劍峰)商榷，並於一九一一年十一月下旬(農曆十月初)從北京出發經由天津到達神户，即日便前往京都。此後，從一九一一年(明治四十四年)十二月上旬至一九一九年(大正八年)五月居住於京都。其間，一九一一年十二月初開始，至一九一三年(大正二年)一月—二月遷居浄土寺新建住宅爲止，羅振玉等曾經借宿於田中(京都大學附近的地名)之家，藏書暫存於京都大學圖書館。

羅振玉的來日是一九一一年末。其藏書中有「圖書長物運之逾月乃畢，又棄其重大不易致者」[1]一句，因

①甘孺輯述，《永豐鄉人行年録》，南京：江蘇人民出版社，一九八〇，四十三頁，一九一一年之條。

此他的藏書應該是在一九一一年末到一九一二年初被搬運至京大的。不過，山鹿先生的識語中有「大正元、二年ノ交（一九一二年至一九一三年交際之時）」，如果這指的是該目録的「謄寫」時間，那麼直至此時有一年左右的空檔時間。善本書目録的兩册在京大圖書館的登録日，是大正二年（一九一三）五月十日。至少可以説，善本書目録的兩册與山鹿先生的識語所示時間一致。

那麼，來日不久，也就是一九一一年末直至一九一二年，羅振玉的狀況又是如何呢？利用羅振玉自身的書信以及王國維的信函等，探討一下當時的情況吧。

羅振玉在農曆辛亥十月二十三日（一九一一年十二月十二日）從日本的門司寄給妻弟范兆昌的書信中，有「此次運送各件，大半破損，從高處擲下，可恨至極。龜版恐成粉矣」①。這雖不是指書籍，但也可以得知包括書籍的貨物被雜亂粗暴地搬運。更加具體介紹情況的，是王國維在農曆辛亥十二月二十四日（一九一二年二月十一日）寄給繆荃孫的書信。其中有「叔翁在此現與維二人整理藏書，點檢卷數。因此次裝箱搬運錯亂太甚，大約至明春二月方能就緒，目録亦可寫定矣……」之文②。

王國維等開始迅速整理搬入圖書館的藏書。整理在農曆二月左右，按照西曆應是一九一二年（大正元

① 蕭文立考釋，《永豐鄉人家書釋文》，羅振玉撰、張玉義主編，《羅雪堂合集》第七函，杭州：西泠印社，二〇〇五。

② 謝維揚、房鑫亮主编，《王國維全集》十五，杭州：浙江教育出版社，三九頁。不過，《王國維全集》可以考證是在辛亥之年，但具體到月日便無法顯示其根據。這封書信收録在顧廷龍校閱《藝風堂友朋書札》（上海：上海古籍出版社，一九八一）下册一〇二三—一〇二四頁中，沒有年月日的記録。再者，羅繼祖《庭聞憶略》（長春：吉林文史出版社，一九八七）五十五頁中有「借他（藤田劍峰）的名義於市内净土寺町購地數百坪建樓四楹……未久，又增築書庫一所，以曾藏有北朝初年寫本《大雲無想經》遂榜曰『大雲書庫』，藏書有地，便把寄存大學圖書館的書取回，與王静安同任整理。此事見於王致繆荃孫書中」之文，引用過該書信。他認爲此信描述了羅振玉從京都大學圖書館取回藏書，搬入大雲書庫時的混亂狀況。不過，這封書信之後半部分介紹了日本的時尚等内容，可以認爲是來日後不久所作。信中「此次裝箱搬運錯乱太甚」，應該可以理解爲從中國到日本的移送。

年)的三月以後有了頭緒,此後方可製作目録。除此之外,認爲是一九一七年十二月二十一日所作的王國維的《致柯劭忞》中,記載有「辛壬之交初抵日本,與叔言參事整理其所藏書籍,殆近一年……」[①]而且,王國維死後,當時的圖書館館長新村出寫下了《海寧的王静安君》這首悼詞。其中有「大正初年(一九一二),羅振玉曾將其藏書寄存在京都大學圖書館裹,王君爲此事與圖書館工作人員多次交涉,花了不少力氣。那時我們得以認識,以後在書庫和辦公室裹有過幾次簡短的對話」[②]之文,描述了他在圖書館進行整理工作時的身影。如上所述,羅振玉和王國維在點檢運來的藏書,以及根據藏書製作目録方面花費了大量的時間。

當然,京大圖書館在他們的工作完成後,着手進行「目録調整」。也就是説,一九一一年末來日的羅振玉和王國維,把一九一二年(大正元年)大部分的時間用在了藏書的整理工作上。因此,羅振玉的來日和山鹿先生所言「謄寫」之間約有一年時差,正意味着羅振玉和王國維兩位先生整理藏書和修改目録所耗費的一年。

羅振玉的來日以及山鹿識語中的「大正元、二年ノ交」之間一年的時間出入,如上所示應該可以理解。不過,關於「大正三年」返還藏書的記述中,存在更加難解的疑問。

如前文所示,羅振玉於一九一三年初,遷居至名爲「永慕園」的宅邸。來日之初的生活,對於作爲一家之長的羅振玉自不待言,對於作爲學者的他也是極爲不便的。羅振玉的《集蓼編》[③]中有「予寓田中村一歲,書籍置大學,與忠慤往返整理甚勞」。《永豐鄉人行年録》有更爲詳細的記載,一九一二年秋「以寓舍隘,藏書又

① 謝維揚、房鑫亮主編,《王國維全集》一五,六一五頁。
② 謝維揚、房鑫亮主編,《王國維全集》二〇,三六一頁。原文爲日文,刊登於京都文學會《藝文》十八年九號七一—七四頁。
③ 羅福頤編,《貞松老人遺稿甲集》(旅順,一九四一)所收。

權寄大學，檢讀不便，乃謀之藤田劍峰，擬別築新居」，也就是説在很早的時期已經考慮過移居和圖書的收容問題了。

前文已引用的《庭聞憶略》的記録，更具體地説西曆一九一三年一—二月宅邸建造完成①，在其後不久又建造了大雲書庫。從該記録考慮，可以發現山鹿氏的大正三年（一九一四）的圖書返還，也與該記録有着一年的出入。

不過，一九一三年（大正二年）目録謄寫之後，京都大學圖書館按照該目録對保管的藏書進行了調查。比如「史部」中寫有點檢日期。例如九葉b裡寫着「大正2/8/5」。從大正二年八月五日至十月十二日（十九葉b）大約有兩個月的空檔期，此後雖然没有年號，但是按照順序來看，從大正三年的三月四日（二十一葉b）直至五月二十八日（六十一葉a）調查應該一直在繼續。此外還有《羅振玉王國維往来書信》②中的第二十二封信，被考證是在一九一三年秋所作，其中有「頃至大學檢《通典》」一句，明確顯示了大正二年（一九一三）秋天京大仍在保管着羅振玉的藏書。同時，從上文「史部」的點檢日期考慮，《通典》是一九一四年三月十日點檢的，因此在這一時間還保管於京大。羅振玉和王國維在混亂的情況下，重新整理了從中國運來的藏書。也許，他們是爲了避免再次混亂而花費時間慢慢搬走的。

換言之，山鹿氏識語中的「遂ニ（終於）」一詞，不正是意味着慢慢搬出，最終在大正三年（一九一四）完成之事嗎？可以想象出「遂ニ（終於）」中所暗示着的這種含義。

以上，就是筆者關於羅振玉的年譜（來日、遷至永慕園、大雲書庫完成）與山鹿先生的識語之間的時間出

① 錢鷗，《京都における羅振玉と王國維の寓居》，京都大學文學部中國文學會《中國文學報》四七，一九九三，一六二頁。
② 王慶祥、蕭立文校注，羅繼祖審訂，《羅振玉王國維往來書信》，北京：東方出版社，二〇〇〇。

入這個難解疑問的看法。

二

其次，關於「謄寫」，筆者想對京大目録的原本進行考察。王國維寄給繆荃孫的書信中，提及了製作目録之事。這應該是山鹿記録中的「謄寫」原本。對於該目録，羅繼祖氏稱「目録共三册，第一册爲善本，次之普通本，乃王手編，舊藏我手，『文化大革命』中在大連被抄，現已無從尋覓了」①。

筆者得以閲覽二〇〇五年西泠印社刊行的《羅雪堂合集》。其第三十八函中有名爲《大雲精舍藏書目録》的影印稿本。雖有許多後添的注釋和删除的痕跡，不過通過與京大目録對比，發現雖然没有善本書目録兩册的部分，但與京大本普通書目録的五册幾乎完全一致。此後的二〇一四年十一月，筆者在大連市圖書館得見此目録的實物。筆者由此確信這正是京大本普通目録的原本目録。對比兩者可以發現，與其將京大本稱爲謄寫本，不如將它稱作清書本更爲合適，這是由於京大本書寫得細緻整齊。

這本目録收藏於大連市圖書館。《大雲精舍藏書目録》是在發現其存在時被命名的，筆者認爲這是建造「大雲書庫」以前的目録，因此爲了避免誤解，本文稱之爲「大連圖書館本」。京都大學附屬圖書館的《羅氏藏書目録》，在下文中略稱爲「京大本」。作爲京大本謄寫大連圖書館本的根據之一，是「經部」和「史部」各類之後的部數、卷數、册數之記録。京大本的「經部」和「史部」各部各類結尾處，也有「右共某部某卷某册」這樣的數量記録。然而，該記録與實際的部數卷數和册數不一致。這原本是個很大的謎團，直到筆者目睹大連圖

---

① 羅繼祖，《庭聞憶略》，五五頁。

書館本之後，謎底才被揭開。通過參考該目録，發現很多類中書名曾經被添加或删除，那些數字其實是增減之前計算出來的。

作爲京大本之原本的大連圖書館本，通過分析那些後添和删除的内容，可以推斷作爲基礎的目録在來日前已經製作完成，而他們在京大圖書館中以此目録爲準，整理了混亂的書籍，又删除了轉讓給他人或賣掉的書目，加入了新入手的書籍，羅振玉和王國維曾經這樣進行了再度整理。難道不是由於存在基本目録，因此他們才能夠在比較短的時間内整理了超過三萬餘册的大部藏書①，並將目録（就是大連圖書館本）提供給京都大學的嗎？而京大的目録，可以説是將其清書下來的鈔本。由於京大本是謄寫本，其目的在於確認書籍本身，所以並未對各部數量的合計進行確認。因此，它的數量之間才出現了齟齬。但是，對於個別書籍進行了細緻的確認，對於册數、卷數、書名、著者（編纂者）進行了訂正。而且，大連圖書館本中，「史部」「典制類」的最初部分也許是經過剪貼，因此有些混亂。而京大本卻正確地著録，看來，京大本也不是單純的清書本。

再者，大連圖書館本中遺失的書頁，也可在京大本中找到。以下列舉筆者發現的幾處。

京大本「子部」附録「譯書類」從第三十一葉a開始到三十二葉b，大連圖書館本中不存在。

「集部」也是一樣，京大本從第四十五葉b到第五十三葉b著録有「詞曲類」，並有朱墨訂正，説明應該存在原本，但是在大連圖書館本中並不存在「詞曲類」。

---

①王榮國、王清原編，《羅氏雪堂藏書遺珍》（《中國公共圖書館古籍文獻珍本彙刊・叢部》，北京：中華全國圖書館文獻縮微複製中心，二〇〇一）前言中指出三千五百八十四部三萬多册，十萬多卷。不過，此部數乃依照後文將要介紹的遼寧省圖書館所藏本，而實際的部數更多，超過三千六百部。

還有，「叢書部」第十七葉a從《江左三大家詩鈔》到第十七葉b的書名，除了最後的《日本大藏經》以外，大連圖書館本中不存在。只是，這些書中有許多不適合納入叢書部的書，因此這些應該是羅振玉來日後得到的書籍。京大本是爲了點檢羅振玉的藏書而作，正因爲如此，在各部之前都附有目次，而大連圖書館本中沒有這些目次。

綜上所述，大連圖書館本中失去的書頁，以及應該是來日後得到的書籍，便登録到了京大本上。從這種意義上來講，京大本雖然是謄寫本，不過比原本還要正確地呈現了來日之時羅振玉的藏書狀況。正確地說，京大本是一部「謄正本」。

上文中以「史部」爲例説明京大圖書館點檢了該目録以及實際的藏書，當然，該點檢並不僅限於「史部」，而是涵蓋所有内容的。該目録通篇留下了點檢的痕跡。比較典型的是欄頭「欠」和「ナシ」（無）這種表示實際不存在圖書的注釋。然而，不可思議的是，羅振玉和王國維明明已經整理圖書，製作和補訂目録，但是爲何在京大的調查中還是無法找到呢？關於爲何會出現這種出入，收録於《羅振玉王國維往來書信》中的信函能夠提供綫索。

比如，羅振玉寄給王國維的第八封信中（一九一三年），有「忽憶陶拙存《辛卯侍行記》（在地志類）頗考西域沿革，雖不知如何，其書在大學，盍一取閱之。若公往，乞代取《兩漢金石記》《西域水道記》，鈔本《古刻叢鈔》（二本隨意取一）……」等文字。這些書籍在京大目録上皆表示爲「欠」。至少可以説，這些書籍是在京大謄寫目録點檢書籍之前，羅振玉由於需要而拿出圖書館的。特別是普通漢籍目録中大部分「欠」和「ナシ」，不正顯示了是羅振玉爲了研究而取回的嗎？

無論如何，京大本中「欠」「ナシ」的意義，並不是指摘羅振玉等製作的目録之不備，而是顯示了他們雖然身處尚未安穩的生活以及不便的環境中，但毫不爲之所動，立刻又投身於研究的精神。

三

再來考察「ナシ」。筆者發現《羅氏藏書目録》通篇皆可看到「ナシ」和「欠」等注釋，其中善本書目録《宋元本之部》的「宋元書目」中「ナシ」尤爲集中。關於這一點，《羅振玉王國維往來書信》中，羅振玉寫給王國維的第七封信（一九一二年）有「先生明日何時往大學，當命小兒同往，擬將宋元本每次攜數種回也」之句，也顯示了書被取回的可能性。對此還有深入調查的必要性，比如在羅振玉去世後羅福頤、羅福葆編，羅繼祖校補編纂的《雪堂藏舊刻舊鈔善本書目》[①]中，著録了京大本中標註爲「ナシ」的《四書經疑》和《宋史》（不過，該書目中爲二六〇册，而京大本則爲一六〇册），意味着書信中的計劃已經實施。只是，其他「宋元本書目」中記載「ナシ」的書籍，在這些歸國後製作的羅振玉的圖書目録中，至今無法找到。

在此，筆者想對善本書目録的兩册進行探討。上文中曾經言及，大連圖書館本没有這一部分，謄寫的原本也無法找到。而且，僅此兩册目録，大正二年（一九一三）五月十日在京大圖書館登録。根據圖書館保存的底賬，寄贈購入欄中有「後藤清洞」這個人的姓名。另一方面，普通書目録在昭和五年（一九三〇）十二月五日，在寄贈購入欄中有「本學謄寫」的字様。關於後藤清洞，至今爲止完全没有任何信息。不過，井上教授指出「前者（普通書目録）比較潦草，而後者（善本書目録）非常工整，更像中國人的字體」，與普通書目録的

① 羅振玉撰，張玉義主編，《羅雪堂合集》，第三十八函。

「本學謄寫」這個詞語相比較，可以認爲善本書目録繼承了大學外部目録的風格，至少不是和圖書館有關的「後藤氏」從羅振玉處借來並謄寫的目録。而且，欄外還有「出町中井版」的字樣（「出町」是京大附近的地名），使用了與普通書目録不同的稿紙。從這些方面來考慮，這本目録應該比普通書目録更早地提供給了京大。至少可以説，它與普通書目録的提供時期不同，也就是善本書目録是在有足夠時間謄寫的時期提供給京大的。

筆者之所以這樣考慮，是因爲羅振玉有可能是在不同時期製作的普通書目録和善本書目録。如此推測的理由有井上教授所指出的，兩本目録中出現過重複的書籍一事。這難道不是由於羅振玉入手著録的時期和選擇出善本製作善本目録的時期不同而産生的情況嗎？

作爲羅振玉的善本書記録，有羅福頤、羅繼祖校訂的《大雲書庫藏書題識》①。與此對比，發現《題識》中所載書籍幾乎全部在善本書目録中出現②。而且内容來看，極端一些，可以認爲善本書目録的信息都記録在《題識》中。《題識》比善本書目録的記録還要詳細，暗示了這本目録類似於某種善本記録筆記。

同時，可以想象，這本筆記也許是羅振玉比較年輕時的記録③。下面舉例説明。善本書目録中有「《翻譯名義集》二十卷　宋僧法雲　明藏摺子本」，普通書目録「子部」「釋家類」中也著録有「《翻譯名義集》七卷　宋法雲　日本刊本」。然而，在《題識》卷三中卻是「《翻譯名義》七卷　宋法雲　日本寛永戊辰覆刻元本」，還有「考卷一之首載紹興癸亥法雲自序，稱成書七卷六十四篇，是此本乃原編之舊。……至二十卷本全是後來改竄，

①羅福頤編，《貞松老人遺稿乙集》，一九四三。

②有一部分出現在普通書目録中，另外，在善本書目録中所載的書籍並非全部出現在《題識》中，這也許説明了藏書的散亂和丟失。

③井上教授指出：該書目是由通曉版本和目録的學者所製，然而此學者對於鑒定識別方面並不能稱之爲精通（《書林の眺望》，二七九頁）。這個説法也增强了對於此乃羅振玉年輕時所作筆記的推測。

非復雲師原次矣」，進行了反面的評價。而且，關於這本書，「光緒辛丑（二十七年，一九〇一），于日本東京琳瑯閣得之，棄篋中數年矣。戊申（三十四年，一九〇八）正月，檢出重裝，識語于耑」，訂正了自己的意見。從《題識》中這樣的文字考慮，作爲善本書目録原本的「筆記」，也許是在比較早的時期就已經完成了的。

雖説似乎有些想象過度，不過善本書目録和普通書目録不同，它應該是爲了記録作爲善本的根據而製作的筆記，且這本筆記被直接提供給了京大圖書館。

四

最後，筆者想就山鹿先生爲何在大正十三年（一九二四）寫下識語一事進行推測。

事實上，《羅氏藏書目録》這部鈔本，除了京都大學以外，在遼寧省圖書館也保存有一部稿本（以下略稱「遼寧圖書館本」）。這本書還被《中國著名藏書家書目匯刊》（北京：商務印書館，二〇〇五）收録影印。還有，它還排印於《王國維全集》第二卷中。據説，鈔寫此書的人是稻葉岩吉（一八七六—一九四〇）。筆者在遼寧圖書館看到了實物。這本書分爲三册，各册的題簽下和第一册的襯頁中，鈐有「君山遺品」的印記。稻葉岩吉號君山，在他死後，他的孩子寄贈給當時的奉天圖書館的書籍中就包括這本書。其圖書寄贈給圖書館一事，也出現在當時的記録中[1]。

遼寧圖書館本除了有善本書目録之外，其與大連圖書館本和京大本相比較，毫無疑問是謄寫京大本

---

① 松浦嘉三郎，《稻葉君山博士の追憶》，《書香》一二五，大連：滿鐵大連圖書館，一九四〇。該悼文作於稻葉死後四個月。其中有「此頃奉天圖書館に届いた藏書の數ある木箱の梱を解き……（此時，運至奉天圖書館的故稻葉博士的藏書，解開衆多捆好的木箱……）」。而且，「國立中央圖書館籌備處」編《資料戰綫》一—四（奉天，一九四〇）匯報中，也記載了奉天圖書館整理稻葉藏書的信息。

的。其理由如下：首先，大連圖書館本和京大本的文字異同都是依照京大本。而且，京大本「經部」第五葉b到第六葉a和第二十五葉b到第二十六葉a，也就是横跨左右兩頁的部分完全没有。這説明他在謄寫之際，翻頁時直接跳過了這兩處書頁，而稻葉自己卻没有察覺。這也證明了他鈔寫京大本的事實。另外，不知是否由於稻葉鈔寫倉促，文字的脱落也非常多。他究竟是在何時鈔寫的呢？關於這個問題，至今還找不到答案。不過，以下這點也許可以成爲推論的綫索。遼寧圖書館本的稿紙欄外有「京城シノサキ印行」的文字，所謂的「京城」就是現今的首爾。

稻葉並不是内藤湖南的學生，但他深受湖南的學術影響，因此，稱他爲湖南的私淑弟子也不爲過。他們的交流也比較密切。他主要研究中國東北史，人生晚期的他是當時奉天建國大學的教授，不過，在任職建國大學教授之前，他得到了湖南和東京帝國大學的黑坂勝美博士的推薦，有一段時間，他歸屬於當時朝鮮總督府的學術機關，從事編纂朝鮮半島歷史的工作。根據他自己寫的自傳性的記録《予が滿朝史研究過程（我的滿洲朝鮮史研究過程）》①，他到任朝鮮總督府的時間是一九二三年（大正十二年）。此後直到一九三七年（昭和十二年），一直在總督府任職。從稿紙的方面考慮，此次鈔寫應該是在此時期進行的。

在《予が滿朝史研究過程（我的滿洲朝鮮史研究過程）》中，有一段頗有趣的記録。大正十一年（一九二二）九月末，他從大連到北京旅行之際，途中「在天津，曾訪問羅振玉先生在日本租界的寓居，閲覽了許多明清的文獻」。難道不是在此時，稻葉得到了京大本的信息麽？雖然無法斷言遼寧圖書館本在一九二四年（大正十三年）初春被複寫，但是，稻葉的訪問京都大學圖書館和鈔寫，也許可以推測是促成山鹿在大正十三年寫下識語的一個契機。然而，爲何是昭和五年（一九三〇）接受圖書館藏書登録的理由，至今不明。

① 稻葉博士還曆記念會編纂，《稻葉博士還曆記念滿鮮史論叢》，京城：稻葉博士還曆記念會，一九三八，一—二十八頁。

由於筆者的調查不足，本文中多有推測，今後需要繼續調查之處也有很多。到此爲止浮出水面的是，京大本是以大連圖書館本爲基礎而製作的。類似善本記録筆記的善本書目録，也是羅振玉所做的。將此京大本再次複寫的是遼寧圖書館本。

大連圖書館本作爲原本應該得到尊重。但是善本書目録的部分，以及在京大本中有而在大連圖書館本中卻没有的部分，讓它無法成爲完全的目録。這樣考慮的話，可以説京大本極爲如實並正確地反映了羅振玉來日之後不久（一九一一年末到一九一二年期間）藏書的實際情況。

小結

毫無疑問，正是由於羅振玉的熱忱之意，以及王國維的貢獻，才能讓如此正確的記録保留下來。兩位學者在促進日本的中國學研究方面做出了巨大的貢獻。而且，與其交流的日本研究者也在交流過程中讓兩位先生自己的研究得到了更大的發展。這樣的學術相互交流的意義，迄今已爲衆多研究所强調，無須多言。不過，以山鹿誠之助先生爲首的京都大學圖書館，將羅振玉藏書作爲媒介進行的交流，難道不也是牢牢刻在歷史坐標上的學術交流之一麽？總而言之，筆者深深地感受到，在此目録及其周邊洋溢着對日中書籍和學術的敬仰之情和熱忱之意。

日本京都大學附屬圖書館藏

羅氏藏書目錄

上冊

羅振玉　王國維　編

北京大學出版社
PEKING UNIVERSITY PRESS

圖書在版編目(CIP)數據

羅氏藏書目録：全2册 / 羅振玉，王國維編. —北京：北京大學出版社，2015.8

ISBN 978-7-301-26095-1

Ⅰ. ①羅… Ⅱ. ①羅…②王… Ⅲ. ①私人藏書 – 圖書目録 – 中國 – 民國 Ⅳ. ①Z842.6

中國版本圖書館CIP數據核字(2015)第157805號

書　　名	羅氏藏書目録（上下）
著作責任者	羅振玉　王國維　編
責任編輯	王　琳
標準書號	ISBN 978-7-301-26095-1
出版發行	北京大學出版社
地　　址	北京市海淀區成府路205號　100871
網　　址	http://www.pup.cn　　新浪微博:@北京大學出版社
電子信箱	zpup@pup.cn
電　　話	郵購部 62752015　發行部 62750672　編輯部 62756694
印 刷 者	北京中科印刷有限公司
經 銷 者	新華書店
	650毫米×980毫米　16開本　44.5印張
	2015年8月第1版　2015年8月第1次印刷
定　　價	150.00圓(上下)

中華古籍保護計劃成果

目録

上册

弁言

近代著名學人羅振玉(一八六六—一九四〇),自幼留心經史故訓,喜愛金石名物,壯歲更傾力經史考據之學,雅好收藏、校刊典籍。羅振玉清末在上海辦報宣傳農學並創設新式學堂时期,即利用東南故家文獻散出之機,開始購藏圖書。清光緒二十九年(一九〇三)羅振玉應粵督岑春煊之聘游粵參議學務,適值粵中藏書家孔廣陶岳雪樓藏書散出,遂多所選購,並由此奠定其善本收藏基礎。光緒三十二年(一九〇六),羅振玉應召入都,在學部爲官六年。都門向稱人文淵藪,而值新舊交替之際,廠肆舊籍充斥,羅振玉與肆估往來頻密,蒐獲頗豐。羅繼祖言乃祖此間所得文物最多,書籍次之。書籍不乏元明精刊、稿抄本、《四庫》底本和怡府舊藏,以及北平黄氏、大興朱氏故物。居京期間,羅振玉還肆力蒐討殷墟甲骨、漢晉簡牘、敦煌文書,搶救明清大内檔案文獻,並編刊相關目録書籍,成爲近代學術風尚轉移的積極引領者。羅振玉在光緒二十七年(一九〇一)、宣統元年(一九〇九)兩次受命赴日考察教育、農學,辛亥革命之後更留寓長達八年,奉公之餘,遍閱書肆,交結學人,所得異本甚夥。羅氏藏書中數百部古鈔本、和刻本、朝鮮本,即爲在日本期間所得。羅振玉一九一九年回國之後,先後卜居天津、旅順,亦續有購藏,但所增以普通本居多。

張舜徽氏云近代學者整理文獻當以張元濟、羅振玉貢獻最著。張元濟是以商務印書館爲平臺,整理刊行古籍;而羅振玉則是以己之力,利用個人收藏以及多方複製,校刊文獻六百餘種,實屬難能。辛亥革命發生後，羅振玉與王國維攜眷避居日本京都，庋藏文物圖書輦運隨行，藏書寄存京都大學，並由王國維協助整理藏書目録。一九一三年，羅振玉在京都市内淨土寺修築了名爲「永慕園」的宅邸，因篋藏北朝初年寫本《大雲無想經》殘卷，遂顔其藏書處曰「大雲書庫」，收納此前寄存在京都大學的藏書。一九一九年，羅振玉歸國追隨清遜帝溥儀，寓居天津，一九二八年又自天津移居旅順，均與藏書相守，兩地闢建藏書樓亦以「大雲書庫」爲名。一九四〇年，羅振玉逝世後，所藏部分古器物書畫售與僞滿博物館，藏書則由各房共同嗣守。羅福頤、羅繼祖一九四三年輯録有《大雲書庫藏書題識》，可窺見羅氏善本面貌。一九四五年日本投降，羅振玉宅邸爲蘇軍佔用，藏書遭毁棄散亂，雖經當地政府組織搶救保存，已是損失嚴重。劫後遺存今主要藏於遼寧省圖書館和大連市圖書館，民間亦有部分收藏。

羅振玉、王國維在日本京都整理之藏書目録，羅繼祖云原稿已失，而據京都大學道坂昭廣考察，現存大連圖書館的《大雲精舍藏書目録》（發現之後命名，僅存普通本目録）即是羅氏藏書目録原稿，或在藏書運抵日本前已經編就。今存京都大學附屬圖書館的《羅氏藏書目録》是以大連圖書館藏稿爲基礎謄寫補正而成，遼寧省圖書館藏《羅氏藏書目録》則是稻葉岩吉又據京都大學本鈔寫。詳見書後附録道坂昭廣《關於京都大學附屬圖書館藏〈羅氏藏書目録〉》一文。根據道坂昭廣的梳理，京都大學附屬圖書館藏《羅氏藏書目録》是羅振玉大雲書庫藏書最爲全面完善的記録，故此北京大學國際漢學家研修基地「東亞漢籍研究工作坊」商請道坂昭廣教授居間聯絡，取得京都大學附屬圖書館影印出版授權，並撰文揭示其文獻價值。我們對道坂昭廣教授的大力協助表示由衷敬意，並對承擔編輯出版責任的北京大學出版社馬辛民主任、王琳編輯表示感謝。

劉玉才識於北京大學
二〇一五年七月十日

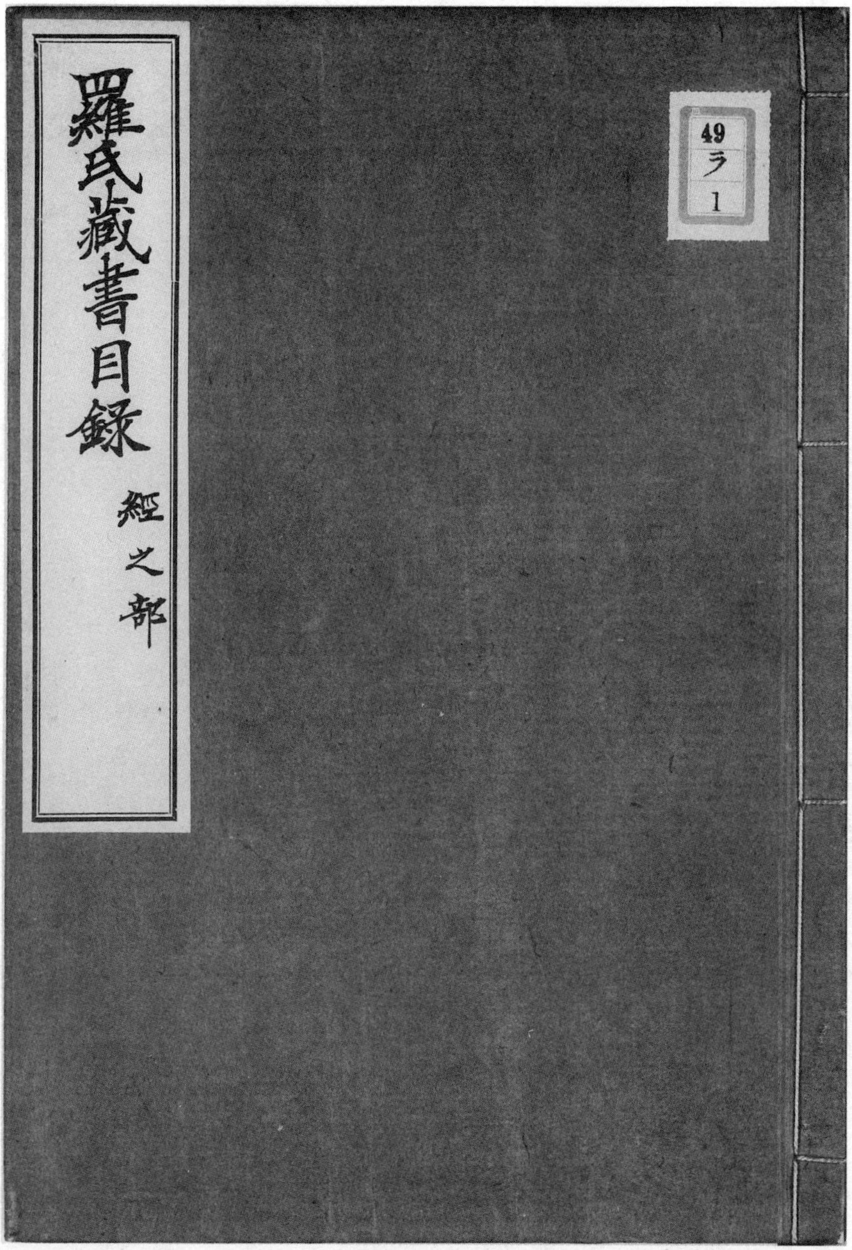
羅氏藏書目錄
經之部
49
ラ
1

羅氏藏書目録

經之部

共七冊

羅氏藏書目錄 共七冊

右ハ大正元、二年ノ交、羅振玉氏ガ其所藏ノ圖書ヲ本學ニ寄託セントスル意アリテ一時該圖書ヲ本館ニ保管シ目錄調製ニ着手セシ際謄寫シタルモノナリ、然ルニ幾モナク羅氏ハ寄託取消ヲ申込ミ來リ翌三年頃遂ニ之ヲ還附セリ

大正十三年初春
山鹿記

經部

音義類

三〇裏

經部

周易類

二十一家易注二十三卷 映雪堂原刊 五本

京氏易傳三卷閔氏易傳一卷 津逮本 一本

易釋文一卷閔氏易傳一卷周易集解略例一卷 津逮本 一本

蘇氏易解八卷 蘇軾 明冰玉堂本 四本

周易程朱傳義十卷 程頤 朱熹 明黑口本 惠定宇藏書 六本

又二十四卷 日本刊本 八本

周易本義十卷 朱熹 內府仿宋咸淳本 二本

又二卷　楊州詩局仿咸湻本存上下經　二本
又四卷　嘉慶刊本　二本
朱文公易説二十三卷　朱鑑通志堂本　十本
易經集注十卷　明蔡毅中天啓刻本　五本
文所易説五卷　明馮時可萬曆刻本　四本
易憲四卷　明沈泓　四本
御纂周易折中二十卷　浙江局本　十本
田間易學　無卷數　錢澄之　八本
易韻四卷　毛奇齡　合集本　一本
推易始末四卷河圖洛書原舛篇一卷太極圖説遺議六卷

毛奇齡 合集本 六本

六本トアルハ 一本ノ誤カ

周易通論四卷 李光地 家刻本 四本

易圖明辨十卷 胡渭 六本

易經揆一十六卷 梁錫璵 附易學啓蒙補二卷 十本

周易函書 約存十八卷 約注十八卷 別集十六卷 附卜法詳考四卷 胡煦 家刻本 三十本

易圖解 無卷数 宗室德沛 一本

河上易注十卷 黎世序 附図説上下 家刻本 六本

讀易集説 無卷数 朱熹 十二本

周易遵述 無卷数 附贖義 蔣本 六本

二

周易虞氏義九卷周易虞氏消息二卷虞氏易𧗾二卷虞氏易言二卷周易鄭氏注三卷周易荀氏九家二卷　張惠言　八本

重訂周易小義二卷　茹敦和　一本

周易經義審七卷　盧淛　六本

知非齋易注三卷易繹三卷　陳樹侯　四本

易理三種　不分卷　孫口　一本

右共三十七部二百八十卷一百六十八册

書類

尚書 白文 明本 一本

寫定尚書 吳汝綸 一本

尚書音義二卷 唐陸德明 仿宋大字本 一本

尚書正義二十卷 唐孔穎達 日本弘化仿宋本 二十本

書集傳六卷 宋蔡沈 洪氏仿宋本 四本

尚書傳音釋六卷 蔡沈 鄒季友 望三益齋刊本 六本

書〔尚〕書通考十卷 元黃鎮成 五本

書傳志事六卷 明蔡毅中 天啓刊本 四本

書傳會衷十卷 明曹學佺 明刊本 十本

三

尚書晚訂十二卷　明史維堡　明刊本　六本
尚書釋天六卷　盛百二　原刊本　三本
禹貢錐指二十卷　胡渭　原刊本　六本
禹貢譜二卷　王澍　原刊本　二本
禹貢分箋七卷　方溶　原刊本　六本
禹貢水道考異十卷　方堃　四本
禹貢説二卷　魏源　碧琳瑯館刊本　一本
禹貢集釋四卷　丁晏　附錐指正誤　二本
禹貢新圖説二卷　楊懋建　碧琳瑯館刊本　二本
禹貢本義一卷　楊守敬　自刊本　一本

又一部 一本

尚書考異六卷 明梅鷟 六本

晚書訂疑三卷 程廷祚 原刊本 二本

尚書攷辨四卷 宋鑒 四本

古文尚書撰異三十二卷 段玉裁 自刊本 九本

尚書後案三十卷 王鳴盛 尚書後辨附 自刊本 八本

古文尚書考異六卷 孫星衍 家刊本 一本

古文尚書私議三卷 張崇蘭 三本

尚書札記四卷 許鴻磐 學海堂本 四本

尚書大傳四卷 盧文弨 附考異補遺 一本

右共三十部二百六十一卷百四十四册

詩類

毛詩傳箋三十卷 五雲堂刊本 四本

毛詩故訓傳定本三十卷 段玉裁 家刊本 四本

毛詩注疏三十卷 淮南局本 二十本

毛詩傳疏三十卷 陳奐 附言四卷說一卷 傳義類鄭氏箋考徵數一卷 十本

詩譜一卷 漢鄭元 拜經樓藏書 格致叢書本 一本

呂氏家塾讀詩記三十二卷 宋呂祖謙 嘉慶刊本 十二本

又三十二卷 十本

毛詩要義二十卷 宋魏了翁 仿宋本 十二本

毛詩李黄集解四十二卷 元李樗黄櫄 通志堂本 十六本

詩經剖疑二十四卷 明曹學佺 明刊本 十四本

詩經世本古義二十四卷 明何楷 附補 明刊本 十六本

毛詩日箋六卷 秦松齡 原刊本 二本

毛詩稽古編三十卷 陳啓源 八本

陸堂詩學十二卷 陸奎勳 拜經樓藏書 原刊本 四本

詩附記四卷 翁方綱 二本

詩故考異三十二卷　徐華嶽　原刊本　六本

詩經廣詁不分卷　徐璈　八本

詩緒餘録八卷　黄位清　四本

毛詩鄭箋改字説四卷　陳喬樅　一本

詩古微二卷　魏源　原刊本　二本

詩考一卷詩傳一卷詩説一卷　津逮本　一本

詩地理考六卷　宋王應麟　格致本　三本

又六卷　津逮本　一本

詩序廣義二十四卷　姜炳璋　十二本

毛詩草木鳥獸蟲魚疏二卷　唐陸機　鈔本　一本

草木疏校正二卷 趙佑 宋刻本 二本

宋刻本トアル宋ハ唐宋ノ宋ヲ云フカ 趙佑ハ清朝ノ人ナレバ 宋刻本ノ意味解シ難シ

又一部 一本

詩疏圖解五卷 日本淵在寬 一本

詩考一卷 宋王應麟 照曠閣本 一本

三家詩補遺不分卷 阮元 一本

又一部 一本

漢三家詩異文疏證六卷補遺三卷 馮登府 二本

詩經四家異文考五卷 陳喬樅 五本

齊詩翼氏學疏證二卷 陳喬樅 一本

韓詩外傳十卷 漢韓嬰 周廷寀校注 附補逸拾遺 望三益齋本 四本

六

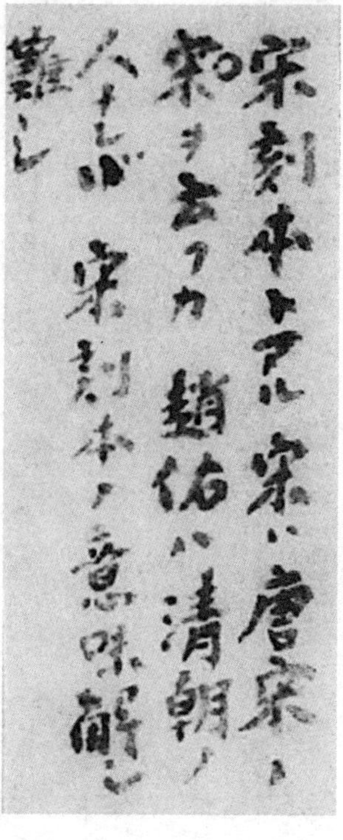
宋刻本トアル宋ハ唐宋ト宋ヲ云フカ 趙佑ハ清朝ノ人ナレバ 宋刻本ノ意味解シ難シ

此圖爲一九頁貼箋的放大圖。

草木疏校正二卷 趙佑 一本

又一部 二本

詩疏圖解五卷 日本淵在寛 一本

詩考一卷 宋王應麟 照曠閣本 一本

三家詩補遺不分卷 阮元 一本

又一部 一本

漢三家詩異文疏證六卷補遺三卷 馮登府 二本

詩經四家異文考五卷 陳喬樅 五本

齊詩翼氏學疏證二卷 陳喬樅 一本

韓詩外傳十卷 漢韓嬰 周廷寀校注 附補逸拾遺 望三益齋本 四本

六

此頁與一九頁同，顯示被貼箋遮蓋的文字。

又十卷　四本

韓詩内傳徵四卷　宋綿初志学堂本　一本

韓詩故二卷　沈清瑞鈔本　一本

韓詩遺説續考四卷　顧震福　一本

右共三十七部四百五十卷百七十九冊

禮類

秦刻周禮六卷　一本

周禮鄭注并音義十二卷 湖北局本 六本

周禮注疏删翼三十卷 明王志長 原刊本 十四本

又三十卷 十本

禮經會元四卷 宋葉旹 二本

周官參證二卷 王寶仁 一本

周官禄田考三卷 沈彤 果堂刻本 二本

車制圖解二卷 阮元 附蒼頡篇 一本

輪輿私箋二卷附圖一卷 鄭珍 莫氏刻本 二本

鳧氏為鐘圖說一卷 鄭珍 一本

考工記補疏一卷 陳衍 一本

考工記辨證三卷 陳衍 一本
周禮文物大全圖 不分卷 王皜 八本
周禮古學考三卷 李滋然 二本
右共十四部九十九卷五十一册

儀禮類

儀禮疏五十卷 藝芸精舍仿宋本 六本
朱子儀禮經傳通解六十九卷 梁萬方考訂 樹德堂刊本 四十本

儀禮正義四十卷 胡培翬 原刻本 二十本

又四十卷 二十四本

禮經箋十七卷 王闓運 四本

新定儀禮圖二卷 日本松安 原刊本 二本

儀禮圖六卷 張惠言 三本

儀禮釋官九卷 胡匡衷 四本

禮經宮室答問二卷 洪頤煊 傳經堂本 一本

右共十一部二百五十卷百十一冊

禮記類

禮記注二十六卷 張氏仿宋撫州本 附音義四卷考異二卷 十二本

又二十卷 湖北翻刻本無音義 八本

禮記注疏六十三卷 明監本 二十本

禮記 無卷數 日本刻本 四本

禮記集說十卷 元陳澔 明帰安閔氏刻本 十本

禮記彙義四卷 明蔡毅中 明刊本 四本

禮記訓纂四十九卷 朱彬 家刻本 八本

禮記疑問十二卷 明姚舜牧 萬曆刊本 四本

禮記附記六卷 翁方綱 四本

蔡氏月令二卷 蔡雲集證 王氏刻本 四本

投壺考原一卷 丁晏 鈔本 一本

讀禮小事記二卷 唐鑑 二本

大戴礼記十三卷 雅西堂本 二本

又一部 明刊本 二本

又十三卷 日本刊本 二本

大戴礼記補注十三卷 孔廣森 原刊本 二本

大戴禮記解詁十三卷 王聘珍 廣雅局本 三本

夏小正戴氏傳四卷 宋傅崧卿 附別録 傅氏刻本 一本

夏小正集解四卷 顧問 二本

九

夏小正正義一卷　王筠　一本

右共二十部二百七十九卷九十七冊

三禮類

三礼陳數求義三十卷　林喬蔭　原刊本　七本

礼经通論一卷　邵懿辰　一本

三礼圖二十卷　宋聶崇義　通志堂本　二本

朝廟宮室考一卷　任啓運　附田賦考　家刊本　一本

群經宮室圖二卷　焦循　刊本　二本

礼書一百五十卷　陳祥道　竹坡精舍本　十本

禮記綱目八十五卷　江永　三十二本

禮書通故一百卷　黄以周　二十六本

読礼通考一百二十卷　徐乾學　原刊本　十五本

讀禮志疑六卷　陸隴其　二本

読礼叢鈔十六卷　李輔耀　六本

礼俗權衡二卷　趙執信　原刊本　一本

讀禮肆考四卷　日本豬飼彦博　二本

明堂問一卷學校問一卷郊社禘祫問一卷　毛奇齡　西河合集本

一本

明堂大道録八巻 附禘説二巻 惠棟 經訓堂本 二本

釋祼二巻 龔景瀚 原刊本 一本

求古録礼説十六巻 金鶚 原刊本 八本

右共六十八部五百五十四巻百十七册

樂類

律呂新書二巻 宋蔡元定 一本

樂律全書四十八卷　明朱載堉　原刊本　十九本

苑洛志樂二十卷　明韓邦奇　乾隆刊本　十二本

御製律吕正義後編一百二十卷　内府本　四十八本

樂書類編八卷　張宣猷　安樂堂藏書　六本

瑟譜六卷　元熊朋來　一本

琴操二卷　漢蔡邕　一本

琴旨二卷　王坦　原刊本　二本

琴音記三卷　程瑶田　原刊本　一本

律話三卷　戴長庚　六本

燕樂考原六卷　凌廷堪　三本

庚癸原音 孫微宣秘原音 音調定程 繆闐 無卷数 六本

右共九部百九十四卷 九十四本

春秋類

古寫左傳殘卷 石印本 一本

春秋集註三十卷 宋胡安國 明刊本 八本

左氏會箋三十卷 日本竹添光鴻 排印本 十五本

葉氏春秋傳二十卷後傳十二卷 宋葉夢得 通志堂本 八本

趙氏春秋集傳十五卷 元趙汸 通志堂本 六本

春秋師説三卷附録二卷 元趙汸 通志堂本 謙牧堂藏本 一本

春秋金鑰匙一卷 元趙汸 春秋胡傳考誤一卷 明袁仁 照曠閣 一本

春秋通志十二卷 明蔡毅中 明刊本 四本

春秋困學録十二卷 楊宏聲 六本

春秋左傳註解辨誤二卷 明傅遜 日本刊本 附補遺及古器圖 二本

春秋衡庫三十卷 明馮夢龍 明刊本 八本

春秋麟經統一編十二卷 明張杞 六本

春秋列國論二十四卷春秋四傳斷六卷 明張溥 原刊本

八本

春秋說略十二卷春秋比二卷　郝懿行　四本

春秋屬辭辨例編六十卷　張燕昌　三十二本

春秋左傳補注十二卷　沈欽韓　二本

左傳事緯前書八卷左傳事緯十二卷　馬驌　原刊本

十本

左秋紀傳五十一卷　李鳳雛　原刊本　十本

左秋比事參義十六卷　桂含章　家刊本　十六本

春秋世族譜一卷　陳厚耀　西湖書院刊本　一本

春秋識小錄三書　職官考略三卷　地名辨異三卷　人名辨異三卷　程廷祚　原刊本

三本

左傳地名補十二卷　沈欽韓　二本

春秋日月考四卷　譚澐　二本

公羊傳注十二卷　附校記　仿宋本紹熙本　二本

春秋公羊礼疏十一卷礼說一卷問答二卷　凌曙　阮刻本

四本

春秋公羊注疏質疑二卷　何若瑤　廣雅局本　一本

穀梁釋例四卷　許桂林　原刊本　二本

穀梁大義述一卷　柳興恩　一本

春秋穀梁經傳補注二十四卷　鍾文烝　八本

一三

左傳選 無卷數 儲欣 六本

公羊穀梁傳選 無卷數 楊州詩局本 二本

穀梁傳選 二本

附録

春秋繁露十六卷 董仲舒 四本

右共三十八部三百七十卷一百四十三册

孝經類

古文孝經孔氏傳一卷　日本覆卷子本　一本

又　日本紫芝園刊本

古文孝經一卷　孔安國傳 附論語筆解　日本刊本　一本

御注孝經一卷　唐元宗　日本覆卷子本　一本

又一卷　日本覆宋小字本　一本

又一卷　一本

又一卷　一本

孝經大義一卷　元董鼎　日本刊本　一本

孝經義疏十卷　阮福　原刊本　二本

右共七部十六卷八本

論語類

論語白文二十卷 日本天文刊本 二本

古文論語二卷 吴大澂 二本

論語集解十卷 魏何晏 附札記 日本正平本 四本

又十卷 日本縮古本 二本

論語古訓十卷 陳鱣輯 浙江局本 二本

論語義疏十卷 梁皇侃 日本刊本 五本

又十卷 殿本 五本

論語注疏解經十卷　宋邢昺　附札記　仿元貞元本　二本

又十卷　朱印　二本

論語纂疏十卷　元趙順孫　謙牧堂藏書　通志堂本　缺卷一卷二　十本

論語徵集覽二十卷　日本源賴寛輯　二十本

論語古訓十卷　日本太宰純　二本

論語附記二卷　翁方綱　一本

論語正義二十四卷　劉寶楠　家刻本　六本

論語補注三卷　劉開　一本

天文本論語校勘記一卷　葉德輝　一本

右共十三部百四十九卷六十三冊

孟子大學類

趙注孟子十四卷 日本刊本 四本

孟子篡疏十四卷 元趙順孫 通志堂本 十四本

孟子趙注補正六卷宋翔鳳附孟子劉注一卷 二本

孟子要略五卷 劉傳瑩 一本

孟子音義二卷 日本翻士礼居本 一本

又二卷 四川刊本 附札記 一本

孟子附記二卷 翁方綱 一本

大學衍義四十三卷 宋真德秀 嘉靖刊本 二十本

又四十三卷 明覆宋本 十本

右共六部一百十八卷五十冊

四書總類

四書章句集注二十六卷 胡氏仿宋本 附考四卷 十本

朱子四書或問小注三十六卷 徐方廣 八本

朱子四書語類五十二卷　十本
四書管言二卷　明牛應元　四本
四書輯釋三十六卷　元倪士毅　日本仿元本　十四本
四書正事括略七卷　毛奇齡　有附録　西河合集本　四本
四書索解四卷　毛奇齡　一本
四書講義四十三卷　呂留良　原刊本　二十四本
四書餘説二十卷　孫嬙　原刊本　十二本
四書述義六卷　胡紹勳　一本
四書逸箋六卷　程大中　二本
四書典故覈　不分卷　凌曙　三本

四書咫聞三卷 楊希閔 三本

四書釋地補續補又續補三續補 閻若璩 不分卷 六本

四書地理考十五卷 王 四本

四書字詁七十八卷 段諤庭 原刊本 十本

又七十八卷 翻刊本 二十本

右共十六部四百零六卷百三十四冊

經總類

易書春秋 無卷數 明刊大字白文 三本

秦刻九经 不分卷 覆刊本 十六本

又礼記小學 不分卷 原刊本 三本

三經四書正文十卷 高麗刊本 五本

十三经注疏三百三十四卷 明南監本 百二十七本

又四百十六卷 阮刻本 附釈文校勘記 百八十五本

古经解鉤沈三十卷 余肅客輯 十本

皇清经解千四百卷 三百二十本

九經三傳沿革例一卷 宋岳珂 藤花榭仿宋本 一本

六經正誤六卷 宋毛居正 通志堂本 四本

方丹經說六卷	宋李石	别下齋本	二本
熊氏経說七卷	元熊朋來	通志堂本	四本
五經蠡測六卷	明蔣悌生	通志堂本	四本
經學要義四卷補四卷	明卜大有	明刊	四本
五経翼二十卷	孫承澤	家刊本	十本
十三経考義七卷	顧炎武	日本刊本	七本
六経補疏二十卷	焦循	阮刊本	八本
十三経拾遺十六卷	王朝璩 附石経考正	家刊本	五本
松源経說八卷	孫之騄	原刊本	八本
經傳考證八卷	王念孫		二本

一八

群經識小八卷　李惇　二本

劉端臨遺書四卷　劉台拱　一本

經義述聞十五卷　王引之　原刊本　八本

左海經辨不分卷　陳壽祺　原刊本　一本

實事求是之齋經義二卷　朱大韶　四本

巢經巢集不分卷　鄭珍　原刊本　一本

通介堂經說十二卷　徐灝　四本

明壽室經說四卷　鄒壽祺　四本

經傳繹義五十卷　陳燡　三十二本

五經圖十二卷　明章達刊本　六本

六經圖二十四卷 鄭之僑 十二本

六經圖 慕古堂刊本 一本

經典釋文三十卷 唐陸德明 通志堂本 二十四本

又三十卷 武昌局本 附考證 十二本

經苑二百四十四卷 錢儀吉 大梁書院本 七十六本

古經解彙函百二十四卷 陳澧 菊坡精舍本 三十二本

經學叢書八十一卷 吳志忠 四十八本

右共三十九部二千九百四十七卷一千零七十八本

緯類

古微書三十六卷 明孫瑴 六本

七緯三十八卷 趙在翰 十本

易緯略義三卷 張惠言 一本

緯學源流興廢考三卷 蔣清翊 一本

右共五部八十三卷十九本

爾雅類

爾雅郭注三卷 晋郭璞 附校訛 日本覆宋本 一本

又三卷 思適齋覆吳元恭本 一本

又 同上 一本

爾雅郭注附音義三卷 清芬閣本 三本

爾雅古注斠三卷 葉蕙心 二本

爾雅單疏十卷 宋邢昺 歸安陸氏仿宋本 二本

爾雅注疏十一卷 明李元陽本 六本

又十一卷 書業堂本 四本

爾雅鄭樵注三卷 汲古閣本 一本

爾雅正義二十卷附釋文三卷 邵晉涵原刊本 四本

爾雅義疏十九卷 同治刊本 八本

爾雅匡名二十卷	嚴元照	六本
爾雅正郭三卷	潘衍桐	一本
繪圖爾雅四卷	曾賓谷景宋本	三本
又一部		三本
小爾雅訓纂六卷	宋翔鳳　家刊本	一本
小爾雅疏八卷	王煦	二本
廣雅疏證三十卷	王念孫　附博雅音十卷	八本
廣雅疏證補正一卷	王念孫	一本
埤雅二十卷	宋陸佃　仿宋本	八本
爾雅翼三十二卷	宋羅願　明畢效欽刊本	五本

郎刻五雅三十一卷　明郎奎金刊本　五本

畢刻五雅七十三卷　明畢效欽刊本　十本

通雅五十五卷　明方以智　此藏軒刊本　十二本

又一部　高郵王氏藏書　十六本

駢雅訓纂十六卷　魏茂林　有不為齋刊本　六本

聲類四卷　錢大昕　四本

拾雅六卷　夏味堂　原刊本　二本

名物類考四卷　明耿隨朝　明刊本　四本

釋穀四卷　劉寶楠　廣雅書局本　一本

駢字分箋一卷　程際盛　一本

右共二十九部四百六十卷一百二十六本

說文類

唐寫本說文解字木部箋異一卷　莫友芝原刊本　一本

說文解字三十卷　漢許慎　汲古閣仿宋大字本　八本

又三十卷　平津館仿宋小字本　八本

又　藤花榭仿宋本　三本

許氏說文解字五音韻譜十二卷　宋李燾　明刊大字本　十二本

說文解字韻譜十卷　宋徐鉉　馮刊仿宋本　二本
說文解字通釋四十卷校勘記三卷　南唐徐鍇　祁氏仿宋本　八本
說文長箋百十三卷　明趙宧光　明刊本　二十四本
說文廣義十二卷　程德洽　原刊本　十二本
說文解字注三十卷　段玉裁　原刊本　附六書音韻表四卷　二十四本
說文解字義證五十卷　桂馥　武昌局本　三十二本
說文句讀三十卷　王筠　蜀刊本　十四本
苗氏說文四種十七卷　苗夔　八本
說文解字斠詮十四卷　錢坫　淮南局本　六本
說文解字校錄三十卷　鈕樹玉　江蘇局本　十四本

汲古閣說文訂一卷 段玉裁 五硯樓原刊本 一本

說文古本考二十八卷 沈濤 滂喜齋刊本 十四本

說文繫傳考異四卷 朱文藻 汪憲 清吟閣刊本 二本

說文韻譜校五卷 王筠 劉氏刊本 二本

說文校議三十卷 姚文田 嚴可均同譔 四錄堂原刊本 二本

說文二徐箋異二十八卷 田吳炤 二本

說文段注撰要九卷 馬壽齡 金陵胡氏刊本 四本

說文段注校三種桂馥二卷徐柗一卷龔自珍一卷 一本

說文段注訂八卷 鈕樹玉 江蘇局本 二本

說文段注訂補十五卷 王紹蘭 蕭氏胡氏刊本 八本

說文段注匡謬八卷　徐承慶　忍進齋刊本　四本

說文五翼　王煦　原刊本　二本

說文補考一卷又考一卷　戚學標　原刊本　一本

說文述誼二卷　毛際盛　說文辨疑一卷　顧廣圻　二本

說文蠡測十四卷　潘奕雋　家刊本　二本

說文解字通正十四卷　潘奕雋　二本

說文釋例二十卷　王筠　原刊本　十本

六書韻徵十六卷　安吉　家刊本　四本

說文音義四卷　王煦　一本

說文聲訂二卷　苗夔　祁氏刊本　一本

二三

說文聲讀表七卷 苗夔 祁氏刊本 一本

又一部 十六本

說文引經考二卷 吳玉搢 原刊本 一本

又二卷 咫進齋本 二十本

說文解字群經正字二十八卷 邵瑛 家刊本 十二本

說文引經考證八卷 陳瑑 湖北局本 二本

說文經斠十二卷正俗一卷附經斠補一卷 楊廷瑞 家刊本 二本

說文經字正誼二卷 郭慶藩 家刊本 二本

說文測議七卷 董詔 三本

説文拈字八卷 王玉樹 石印本 附補遺 四本

席氏讀説文記十卷 席世昌 指海本 殘 四本

説文新附考六卷續考一卷 鈕樹玉 江蘇局本 二本

説文辨字正俗八卷 李富孫 家刊本 四本

説文管見三卷 胡秉虔 滂喜齋本 一本

説文統釋序二卷 錢大昭 郭刊本 附畢沅音同義異辨 一本

説文逸字三卷 鄭珍 有附録 二本

説文外編十六卷 雷浚 有補遺 附劉氏碎金 四本

雷氏説文四種 説文外編十六卷 説文辨疑一卷 説文引經例辨三卷 劉氏碎金一卷 六本

說文逸字辨證二卷 李楨 二本 存一本

說文字辨十四卷 林慶炳 四本

紫薇花館小學編五卷 王廷鼎 三本

說文解字補說三卷 吳善述 未刻成 二本

說文字原考略六卷 吳照 原刊本 四本

說文偏旁考二卷 吳照 一本

許學叢刻九卷 海寧許氏刊本 四本

說文凝錦錄一卷 萬光泰 澤經堂刊本 一本

重文本部考一卷 曾紀澤 一本

復古編二卷附錄一卷 宋張有 淮南局本 三本

又二卷 石印本 二本

六書正僞（譌）五卷 元周伯琦 古香閣刊本 四本

六藝綱目二卷 元舒天民 有附録一卷 海源閣仿元本 二本

汗簡七卷 宋郭忠恕 汪刊原本 二本

古文四聲韻五卷 宋夏竦 方刊 四本

古文奇字輯解六卷 明朱謀㙔 明刊本 一本

摭古遺文二卷 明李登 明刊本 二本

說文古籀疏證六卷 莊述祖 六本

說文古籀疏證目一卷附石鼓然疑一卷 莊述祖 一本

說文古籀補十四卷附録一卷 吳大徵 蘉刊本 二本

二五

又一部　湘刊本　二本
字説一卷　吴大澂　湘刻本　一本
朝陽閣字鑒三十卷　日本高田忠周　十六本
説文解字翼徵十四卷　高麗朴瑄壽金晚植　六本
説文通檢三十卷　黎永椿　四本
六書凖　不分卷　馮鼎調　四本
六書分類十二卷　傅世垚　十二本
六書約言二卷　吴善述　一本
小學類編三十六卷　李祖望　八本
篆書正四卷　戴明説　四本

右共九十六部一千一百六十一番四百五十五本

字書類

蒼頡篇三卷續一卷補二卷　孫星衍　陶方琦　江蘇局本　二本

蒼頡輯補斠證四卷　王仁俊　附說文引漢律令考一卷　一本

急就篇四卷　漢史游　唐顏師古注　汲古閣本　二本

急就篇直音四卷　唐顏師古　宋王應麟注　錢保塘補音　二本

方言箋疏十三卷　錢繹　四本

二六

通俗文一卷　林慰曾輯　家刻本　一本

小學鈎沈十八卷　任大椿　阮文達藏書　四本

小學鈎沈續編八卷　顧震福　四本

續方言拾遺二卷　張慎儀　一本

字林考逸八卷附録一卷補一卷　任大椿　陶方琦　四本

唐本玉篇殘卷　古佚叢書本　原卷二十七　二十八　二本

又　卷二十二　日本刊本　一本

又　一本

玉篇三十卷　梁顧況　澤存堂仿宋一本　吳平齋藏書　三本

又三十卷　湘刻本　三本

龍龕手鑑八卷　遼行均　張刊本　六本

和名類聚鈔十卷　日本源順　楊刻本　四本

箋注和名類聚鈔十卷　日本狩谷　日本排印本　十本

類篇四十五卷　宋司馬光　姚氏刊本

字鑑五卷　元李文仲　張許氏刊本　二本

新撰字鏡不分卷附考異　日本僧昌住　二本

古注千字文　日本刊本　一本

西峯字說六卷　明曹學佺　明刊本　殘　四本

別雅五卷　吳玉搢　五本

金石文字辨異十二卷　邢澍　八本

碑別字五卷　羅振鋆　二本

碑別字補五卷　羅振玉　一本

澤宫名字纂詁二卷　洪恩波　二本

右共三十部二百三十六卷八十四冊

韻書類

唐寫本唐韻殘卷　一本

廣韻五卷　符山堂刋本　五本

又五卷　澤存堂本　二本

又七卷　鄧氏刊本　附札記　二本

集韻十卷　宋丁度　姚氏刊本　十本

禮部韻略五卷　姚氏刊本　五本

五音集韻十五卷五音類聚四聲篇十五卷切韻切南二卷篇

韻貫珠集一卷　金韓昭道釋真空　萬曆刊本　十二本

韻會小補三十卷　明方日昇　明刊本　十本

九經補韻一卷　宋楊伯嵒　馬笏齋藏書　汗筠齋本　一本

音學五書二十卷古音表二卷　顧炎武　符山堂本　十四本

古今韻考四卷　李因篤　一本

二八

古韻溯源八卷　安念祖華湛恩　家刊本　八本
古今韻略五卷　邵長蘅　原刊本　二本
又一部　四本
四聲切韻表一卷　江永　一本
四聲切韻表三卷　江永原本　汪日楨補正　三本
古韻標準五卷　江永　二本
音學辨微手稿一卷　江永　石印本　一本
五均論二卷　鄒漢勛　一本
欽定同文韻統六卷　理藩部刊本　五本
五方元音二卷　樊騰鳳年希堯　二本

杜韓集韻八卷 汪文柏 近刻本 四本

等韻一得二卷 勞乃宣 自刊本 二本

韻府古篆彙選五卷 陳策 日本刊本 五本

小學彙函百十八卷 菊坡精舍本 三十二本

隸韻十卷考證三卷 宋劉球 秦刻本 六本

漢隸字原六卷 宋婁機 六本

隸辨八卷 顧藹吉 湘刻本 八本

又 石印本 八本

隸篇十五卷續十五卷再續十五卷 翟雲升 十本

漢隸辨體四卷 尹彭壽 四本

草書韻會 不分卷 金張天錫 二本

五經文字三卷 唐張參 附九經字樣一卷 唐唐元度 馬刻原本

三本

五經文字三卷 唐張參 鮑氏刊本 三本

九經字樣一卷 唐唐元度 鮑氏刊本 一本

重編五經文字九經字樣四卷 孫佁 八本

十經文字通正書十四卷 畢沅 二本

群經音辨七卷 宋賈昌朝 澤存堂本 一本

班馬字類二卷 宋婁機 鮑氏刊本 二本

字詁二卷附義府二卷 明黃生 四本

助語辭一卷 明盧以緯 一本

五経小學説二卷 莊述祖 一本

七経異文釋六卷 李富孫 二本

經籍纂詁百零六卷 阮元 六十四本

又一部 五十本

悉曇字記二卷 唐光智 一本

字母表一卷 唐一行 一本

漢語八轉聲學則一卷 日本基辨 一本

右共八四十三部六百十二卷三百三十一本

三〇

音義類

一切經音義二十二卷　唐元應　日本翻支那本　附華嚴音義四卷　九本

又一百卷　慧琳　附希麟續音義十卷　五十五本

華嚴音義二卷　慧苑　陳潮校本　一本

清文彙書十二卷　十二本

右共九部二百五十卷一百零一本

以上經部總共五百零四部　九千一百七十五卷　三千四百五十三本

羅氏藏書目錄
史之部
49
ラ
1

羅氏藏書目録

史、之部

共七冊

史部

史部

正史類

史記百三十卷　漢司馬遷　南監本　二十本

漢書百二十卷　漢班固　南監本　二十四本

後漢書百二十卷　宋范曄　南監本　二十四本

三國志六十五卷　晋陳壽　南監本　十四本

晋書百三十卷　唐太宗　南監本　四十本

宋書一百卷　梁沈約　南監本　二十四本

齊書五十九卷　梁蕭子顯　南監本　八本

梁書五十六卷　唐姚思廉　南監本　八本

陳書三十六卷　唐姚思廉　南監本　四本

魏書百十四卷　北齊魏收　南監本　二十四本

北齊書五十卷　唐李百藥　南監本　十本

北周書五十卷　唐令狐德棻等　南監本　八本

隋書八十五卷　唐魏徵等　南監本　二十四本

南史八十卷　唐李延壽　南監本　二十本

北史一百卷　唐李延壽　南監本　三十二本

唐書二百五十卷（二十五）　宋歐陽修宋祁　南監本　四十四本

五代史七十五卷　宋歐陽修　南監本　六本

宋史四百九十六卷　元脫脫　南監本　百二十本

遼史百十六卷	元脫脫　南監本	八本
金史百三十五卷	元脫脫　南監本	二十本
元史二百十卷	明宋濂等	五十本
史記	北監本	二十四本
漢書	同	三十二本
後漢書	同	二十四本
三國志	同	十六本
晉書	同	三十二本
宋書	同	二十四本
南齊書	同	十本

梁書 十本

陳書 六本

魏書 三十二本

北齊書 六本

北周書 八本

隋書 二十本

南史 二十本

北史 三十二本

舊唐書二百五十五卷 後晋劉昫 以杭州局本補 四十本

新唐書 四十八本

舊五代史百五十卷 以掃葉山房本補 宋薛居正 十四本

五代史記 八本

宋史 百四十三本

遼史 十二本

金史 二十四本

元史 四十八本

明史三百三十二卷 以武英殿本補 国朝張廷玉等 七十二本

史記百三十卷 附方望溪評点四卷 二十本

又百三十卷 古香齋小字本 二十四本

史記集解索隱正義合刊百三十卷 廣州駱氏刊本 三十本

三三三

漢書	書業堂本	二十六本
又	廣東使署刊本	十六本
又	金陵局本	十六本
又一部		十六本
後漢書	書業堂本	十八本
又	廣州使署本	
又	金陵局本	十六本
三國志	南監本	十二本
又	廣州刊本	十二本
又	蜀刊本	十四本

晉書	南監本	二十四本
又	同	三十八本
又	金陵局本	二十本
又	同	十六本
南齊書	南監本	十本
又	同	八本
梁書	同	八本
又	北監本	十本
又	書業堂本	六本
又	同	六本

陳書　南監本　六本
又　同　四本
又　書業堂本　四本
又　金陵局本　四本
魏書　南監本　二十四本
又　金陵局本　二十本
北齊書　南監本　八本
又　北監本　八本
又　書業堂本　五本
又　金陵局本　四本

別本ナルヲ以テ三部トシテカードヲ取レリ

北周書	南監本	十本
隋書	書業堂本	十二本
又一部		十五本
南史	金陵局本	十二本
南史	張溥点校本　殘　第廿七—廿九巻缺本	二十九本
北史	南監本	三十本
又	金陵局本	二十本
舊唐書二百巻佚文十二巻校勘記六十六巻	岑氏懼盈斎刊本	六十本
舊唐書	浙江局本	四十八本
唐書	三朝本	三十五本

舊五代史　書業堂本　十二本

五代史　武昌局本　八本

又一部　同　八本

五代史七十四卷　彭元瑞　劉鳳誥　原刊本　四十本

又七十四卷　四十本

遼史一百十六卷　北監本　十本

又一部　南監本　十本

金史一百三十五卷　南監本　二十本

元史二百十卷　南監本　三十本

元史　江蘇局本　三十二本

明史 武昌局本 八十本

右共一百部四千一百四十六卷二千一百七十五本

編年類

資治通鑑二百九十四卷 宋司馬光 胡刊原本 一百十本

續資治通鑑二百二十卷 畢沅 原刊本 四十八本

又一部 原刊本 六十四本

又 江蘇局修補本 六十四本

資治通鑑目録三十卷 宋司馬光 蘇局仿宋本 十本

宋元通鑑百五十七卷 薛應旂 明刊本 二十四本

續資治通鑑長編五百二十卷 宋李燾 浙江局本 一百二十本

六三文

又拾補六十卷　十六本

明通鑑一百卷　夏燮　四十本

建炎以來繫年要録二百卷　宋李心傳　蕭氏刊本　六十本

三朝北盟會編二百五十卷校勘記三卷　宋徐夢莘　排印本

四十本

又一部　四十本

又　許涵度刊本　四十本

右共六十三部二千七百四十七卷六百三十六本

紀事本末類

宋史紀事本末百零九卷　明馮琦　廣雅局本　十六本

西夏紀事本末三十六卷 張鑑 四本

元史紀事本末二十七卷 明陳邦瞻 三本

明史紀事本末八十卷 谷應泰 廣雅局本 十六本

又一部 原刊本 二十本

通鑑紀事本末二百三十九卷 宋袁樞 廣雅局本 四十八本

右共六部百七十一卷一百零七本

史略類

七三七

呂東萊大事記十二卷通釋三卷解題十二卷　宋呂祖謙 武英殿刊本　三十二本

藏書六十八卷續藏書二十七卷　明李贄　三十本

十七史蒙求十六卷　宋王令 程宗璵校刊宋本　六本

又一部　日本刊本　四本

叙古千文一卷　宋胡寅　粤雅堂本　一本

十九史略通考　明余進　日本刊本　七本

南北史捃華八卷　周嘉猷　家刊本　四本

唐史論斷三卷　宋孫甫　二本

讀史漫録　明于慎行　六本

右共六二十七部一千零四十六卷三百七十七本

別史類

周書斠補四卷 孫詒讓 一本

王會篇箋釋三卷 何秋濤 蘓局本 三本

又一部 三本

穆天子傳六卷 郭璞注 洪頤煊校 原刊本 一本

國語二十一卷 韋昭注 武昌局重翻天聖明道本 附札記一卷 考異四卷 五本

八三八

又二十一卷　六本

又　韋昭解宋庠補音　明刊本　四本

國語正義二十一卷　董增齡　式訓堂本　八本

國語三君注輯存四卷發正二十一卷考異四卷　汪遠孫家刊本

六本

又一部　八本

國語翼解六卷　陳瑑　廣雅局本　二本

竹書紀年六卷辨誤一卷考正一卷年表二卷圖四卷　宋沈約注雷學淇校訂

二本

竹書紀年集注二卷　陳濤　二本

戰國策三十六卷 高誘注 附札記三卷 武昌局本 五本

又一部 八本

校輯世本二卷 宋衷注雷学淇輯 家刊本 一本

又一部 一本

世本輯補十卷 秦嘉謨 家刊本 三本

重訂古史六十卷 宋蘇轍 二十二本

略史前紀九卷後紀十三卷國名紀十一卷發揮六卷餘論十卷 宋羅泌 通行本 二十本

繹史百六十卷 馬驌 原刊本 三十五本

又一部 修補本 四十本

尚史七十卷	李鍇	悅道堂刊本	十二本
漢紀三十卷	漢荀悅	廣州述古堂刊本	六本
後漢紀三十卷	晉袁宏	同	七本
兩漢紀校記二卷		廣州述古堂刊本	一本
東觀漢記二十四卷			四本
七家後漢書二十一卷	汪文臺		六本
季漢書六十卷	明謝陛	明刊本	十六本
又三十二卷		明刊本	八本
漢晉春秋輯本四卷	湯球	廣雅局本	一本
又一部			一本

晉書輯本四十三卷　湯球　廣雅局本　六本

又一部　六本

晉陽秋輯本五卷　湯球　一本

又一部　一本

晉紀輯本六卷　湯球　一本

又一部　一本

晉太康三年地記一卷　畢沅輯　廣雅局本　一本

王隱晉書地道記一卷　畢沅輯　同　一本

晉紀六十八卷　郭倫　原刊本　二十四本

三十國春秋輯本十八卷　湯球　二本

十六國春秋一百卷　魏崔鴻　明刊本　十八本

十六國春秋輯補一百卷　湯球　廣雅局本　十本

西魏書二十四卷　謝啓昆　原刊本　六本

又　廣雅局本　六本

貞觀政要十六卷　唐吳兢　日本刊本　十七本

又十卷　廣西刊本　四本

唐鑑二十四卷　宋范祖禹　日本刊本　五本

又一部　五本

九國志十二卷　宋路振　粤雅堂本　四本

十國春秋百十六卷　吳任臣　原刊本　十六本

南唐書十八卷　宋陸游　汲古閣本　二本

南漢春秋十三卷　劉應麟　近刊本　四本

南漢書十八卷考異十八卷文字略四卷叢録二卷　梁廷楠家刊本　八本

蜀鑑十卷　宋郭允蹈　二本

東都事略百三十卷　宋王偁　振鷺堂仿宋本　八本

又一部　振鷺堂仿宋本　十二本

宋史翼四十卷　陸心源　朱印本　十二本

契丹國志二十七卷　宋葉隆礼　掃葉山房本　二本

大金國志四十卷　宋宇文懋昭　同　四本

一一四七

金小史四卷　明楊循吉　一本

金源紀事詩八卷　湯運泰　四本

又一部　四本

蒙韃備録校注一卷　曹元忠　一本

續宏簡録四十二卷　邵遠平　二十本

弇州山人別集一百卷　明王世貞　廣雅本　二十本

明大政纂要六十三卷　明譚希思　思賢書局本　二十八本

横雲山人集二百零八卷　王鴻緒　四十本

南疆佚史五十六卷　李瑶　二十四本

又五十六卷　二十本

海東逸史十八卷　翁洲老民　邵武徐氏刊本　二本

又一部　一本

東南紀事十二卷　邵廷采　同　二本

又一部　二本

西南紀事十二卷　邵廷采　同　二本

又一部　一本

明紀（季）南略十八卷　計六冊　八本

小腆紀傳六十五卷　徐鼒　附補遺二卷　金陵刊本　七本

東華錄三卷　蔣良騏　小字本　六本

東華續錄四百二十四卷　王先謙　京師原刊本　自天命至道光　中缺乾隆朝自卷五十至卷七十八

一二四二

百五十一本

同治東華録一百卷　王先謙　六十四本

光緒東華録一百二十卷　朱壽朋　鉛印本　六十四本

右共九十八部三千二百九十四卷八百四十四本

史補類

史記天官書補目一卷　孫星衍　廣雅局本　一本

楚漢諸侯疆域志三卷　劉文淇　廣雅局本　一本

又三卷　一本

又三卷　金陵刊本　一本

漢志水道疏證三卷　洪頤煊　一本

西漢儒林傳經表二卷　周廷寀　原刊本　一本

前漢匈奴表三卷附録一卷　沈惟賢　二本

補續漢書藝文志一卷　錢大昭　廣雅局本

後漢郡國令長考一卷　錢大昭　同　合一本

後漢三公年表一卷　華湛恩　廣雅本　一本

後漢書補表八卷　錢大昭　原刊本　三本

又　廣雅局本　三本

補三國疆域志二卷　洪亮吉　廣雅局本　一本
三國疆域志補注十九卷　謝鍾英　湘刊本　八本
三國郡縣表補正八卷　吴增僅　楊守敬家刊本　四本
三國職官表三卷　洪飴孫　廣雅局本　三本
補晋兵志一卷　錢儀吉　同　一本
東晋疆域志四卷　洪亮吉　原刊本　二本
十六國疆域志十六卷　洪亮吉　同　四本
補宋書刑法志一卷　郝懿行　廣雅局本　合一本
補宋書食貨志一卷　同
補梁疆域志四卷　洪齮孫　廣雅局本　二本

南北史帝王世系表一卷　周嘉猷　廣雅局本　七本

南北史年表一卷　周嘉猷　同

南北史世系表五卷　周嘉猷　同　合四本　三

遼史拾遺二十四卷補五卷　厲鶚　楊復吉　江蘇局本　十本

元史氏族表三卷　錢大昕　原刊本　二本

補元史藝文志四卷　錢大昕　原刊本　二本

元史譯文證補三十卷　洪鈞　廣雅局本　四本

蓋喀圖補傳六卷　柯劭忞　自刊本　一本

又一部　一本

元秘史李注補正十五卷　高寶銓　二本

宋遼金元四史朔閏攷二卷 錢大昕 粵雅堂本 一本

右共四十三部二百七十六卷九十六本

校注類

史記索隱三十卷 唐司馬貞 廣雅局本 四本

史記注補正一卷 方苞 同 一本

史記正譌三卷 王元啓 廣雅局本 一本

史表功比說一卷 張錫瑜 廣雅局本 一本

史記月表正譌一卷	王元啓	廣雅局本	一本
史記志疑三十六卷附錄三卷	梁玉繩	同	十四本
校刊史記集解索隱正義札記五卷	張文虎	金陵局本	二本
(漢)西域圖考七卷	李光廷		四本
漢書西域傳補注二卷	徐松	廣雅局本	一本
漢志水道疏證四卷	洪頤煊	同	一本
漢書人表考九卷	梁玉繩	同	四本
漢書人表考補一卷	梁玉繩	廣雅局本	合一本
漢書人表考校補一卷	蔡雲	同	
漢書辨疑二十二卷	錢大昭	同	五本

漢書注校補五十六卷　周壽昌　同　十本

漢書管見四卷　朱一新　同　四本

漢書地理志校注二卷　王紹蘭　遺經樓刊本　二本

新斠注地理志集釋十六卷　錢坫　徐松　會稽章氏刊本　八本

漢書地理志校本二卷　汪遠孫　振綺堂刊本　二本

漢書地理志補校二卷　楊守敬　自刊本　一本

後漢書補注二十四卷　惠棟　原刊本　二本

後漢書辨疑十一卷　錢大昭　廣雅局本　二本

續漢書辨疑九卷　錢大昭　一本

後漢書注又補一卷　沈銘彝　原刊本　一本

三國志注補六十五卷十本 趙一清 廣雅局本

後漢書補注續一卷 侯康 同 廣雅局本 一本

後漢書注補證（正）八卷 周壽昌 同 一本

漢書注校補五十六卷（十三本）後漢書注補正八卷（二本）三國志注證遺四卷（一本） 周壽昌 十六本

兩漢刊誤補遺十卷 宋吳仁傑 寄傲軒刊本 一本

兩漢書注考證二卷 何若瑤 廣雅局本 一本

三國紀年表一卷 周嘉猷 同 一本

三國志考證八卷 潘眉 同 二本

三國志辨疑三卷 錢大昭 同 一本

三國志旁證三十卷 梁章鉅 同 六本

三國志補義十三卷 康發祥 四本

三國志補注続一卷 侯康 廣雅局本 一本

三國志證聞三卷 錢儀吉 江蘇局本 二本

四史發伏十卷 洪亮吉 四本

晋太康三年地記一卷王隱晋書地道記一卷晋書地理志

新補正五卷 経訓堂本 一本

晋書地理志新補正五卷 畢沅 叢書本 一本

新校晋書地理志一卷 方愷 廣雅局本 一本

晋書校勘記三卷 勞格 同 一本

又一部 五卷 周家禄 同 一本

晉書校文五卷 丁國鈞 活字本 二本

晉宋書故一卷 郝懿行 廣雅局本 一本

宋州郡志校勘記一卷 應成孺 同 一本

魏書官氏志疏證一卷 陳毅 自刊本 一本

魏書校勘記一卷 王先謙 湘刊本 一本

重訂隋書地理志考證九卷附漢書地理志校補二卷 楊守敬 自刊本 六本

唐書西域傳注一卷 沈惟賢 一本

新舊唐書互證二十卷 趙紹祖 廣雅本 四本

唐書合鈔補正六卷 丁子復 原刊本 二本

一七四七

五代史記纂誤補四卷　吴蘭庭　原刊本　一本

宋遼金元朔閏考二卷　錢大昕　廣雅本　一本

金源劄記二卷又劄一卷論答一卷自序一卷暇唱一卷　施國祁原刊本　二本

元史本證五十卷　汪輝祖　會稽徐氏刊本　六本

三史同姓名録四十卷　缺卷十六至三十四　汪輝祖　三本

十七史商榷一百卷　王鳴盛　原刊本　二十四本

讀史舉正八卷　張熷　廣雅局本　二本

諸史考異十八卷　洪頤煊　同　三本

諸史拾遺五卷　錢大昕　同　一本

資治通鑑刊本識誤三卷 張敦仁 原刊本 三本

又 新陽趙氏刊本 三本

資治通鑑校勘記宋本五卷元本二卷 張瑛 江蘇局本 一本

資治通鑑綱目發明五十九卷 明尹起莘 家刊本 十二本

綱目訂誤四卷通鑑胡注擧正一卷 陳景雲 一本

通鑑綱目釋地補註六卷糾謬六卷 張庚 原刊本 四本

歷代史表五十九卷 萬斯同 廣雅局本 六本

歷代地理沿革表四十七卷 陳芳績 同 十六本

歷代帝王年表十四卷 齊召南 阮福續 阮刊本 四本

欽定歷代職官表七十二卷 廣雅局本 二十二本

紀元彙考八卷 萬斯同 原刊本 二本

又五卷 一本

列代建元表十卷建元類聚考二卷 錢東垣 原刊本 六本

建元通考十二卷 葉維庚 原刊本 四本

史姓韻編六十四卷 汪輝祖 二十四本

右共九十八部一千零四十一卷二百九十二本

雜史類

天祿閣外史八卷　題漢黃憲　明刊本　二本

奉天錄四卷　唐趙元一　粵雅堂本　一本

靖康傳信錄三卷　宋李綱　日本刊本　三本

建炎以來朝野雜記甲集二十卷乙集二十卷　宋李心傳　函海本　十三本

咸淳遺事二卷　粵雅堂本　一本

錢塘遺事十卷　元劉一清　掃葉山房刊本　二本

校正皇元聖武親征錄一卷　何秋濤　排印字　一本

建文朝野彙編二十卷　明屠叔方　明刊本　十二本

典故紀聞十八卷　明余繼登　四本

一九四九

明

勝朝遺事初編六卷二編八卷	吳彌光 原刊本	十四本
守汴日志一卷	明李光壂	一本
明季稗史彙編二十七卷		十四本
明季遺聞四卷	鄒漪 日本刊本	四本
東林本末三卷	貴池劉氏刊本	一本
又一部		一本
周端孝先生血疏題跋二卷		一本
行朝録六卷	黄宗羲 排印本	一本
綏寇紀略十二卷補遺三卷	吳偉業 學津本	八本
又一部		六本

蜀碧四卷　彭遵泗　原刊本　二本

又一部　二本

豫變紀略八卷　鄭廉　原刊本　二本

平叛記二卷　毛霦　原刊本　二本

鄭將軍成功傳一卷　日本朝川口　日本刊本　一本

嘉定屠城紀略一卷　日本刊本　一本

陽九述略一卷安南供役紀事一卷　明朱之瑜　日本刊本　一本

清三朝實錄採要六卷　日本邨山緯永根鉉　日本刊本　八本

大清三朝事略二卷　日本邨山緯北條鉉　日本刊本　一本

西巡盛典二十四卷　董誥　十二本

二〇五〇

聖武記十四卷　魏源　原刊本　十本

皇朝藩部要略廿八卷　祁韻士　附表四卷　浙江局本　八本

中西紀事二十五卷　江上蹇叟　六本

國朝柔遠記二十卷　王之春　八本

皇朝武功紀盛四卷　趙翼　二本

三藩紀事本末四卷　二本

簷曝雜記六卷　二本

滇事總録二卷　莊士敏　武昌局本　一本

平閩記十三卷　楊捷　家刻本　八本

平猺述略二卷　周存義　二本

粤氛紀事十三卷　謝山居士　六本

轉徙餘生記一卷　方濬頤　奉使英倫記一卷　黎庶昌

一本

六合紀事四卷　周長森　活字本　一本

摩盾餘譚二卷　朱□□字頴白　二本

豫軍紀略十二卷　尹耕雲等　排印本　六本

吳中平寇記八卷　錢勗　四本

秦隴回務紀略八卷　余澍疇　二本

又一部　一本

西寧等處軍務紀略一卷　一本

3/4

東牟守城紀略一卷	戴燮元		一本
平原拳匪紀事一卷	蔣楷		一本
征南輯略八卷	馮子材		八本
東方兵事紀略五卷	姚錫光		五本
又一部			五本
浙東籌防錄四卷	薛福成		四本
又一部			四本
覺迷要錄四卷	葉德輝		二本
中俄國際約注四卷	施紹常	排印本	二本
各國約章纂要八卷	勞乃宣		四本

缺

義國和約章程一卷義國稅則一卷　一本

藏印邊務錄二卷　升泰　石印本　二本

琿牘偶存一卷　李金鏞　一本

出使公牘十卷　薛福成　八本

藏印邊務錄二卷　升泰　石印本　二本

熙朝新語十六卷　余金　鳴盛堂刊本　四本

石渠餘紀六卷　王慶雲　朱印本　六本

又一部　墨印　六本

養吉齋叢錄二十六卷餘錄十卷　吳振棫　朱印本　八本

右共五十九部四百五十八卷二百四十九本

二三　五三

典制類

通典二百卷　唐杜佑　明李元陽刊本　五十本

文獻通考三百卌八卷　元馬端　明馮天馭　刊小字本　缺前四卷　九十八本

文獻通考詳節二十四卷　嚴虞惇　八本

西漢會要七十卷　宋徐天麟　聚珍本　十六本

又一部　江蘇局本　十本

東漢會要四十卷　宋徐天麟　江蘇局本　八本

缺　欠

三國會要二十二卷　楊晨　江蘇局本　六本

唐會要一百卷　宋王溥　江蘇局本　二十四本

五代會要三十卷　宋王溥　聚珍本　六本

漢制考四卷　宋王應麟　学津討原本　一本

漢官七種十一卷　孫星衍　廣州刊本　二本

山公啓事一卷　葉德輝輯　一本

唐六典三十卷　唐李林甫注　玄宗御撰　廣雅局本　四本

唐官鈔三卷　日本伊藤長胤　日本刊本　一本

大唐開元礼百五十卷　唐蕭嵩等　公善堂刊本　十六本

書儀十卷　宋司馬光　望三益齋刊本　二本

二三　五三　一

又一部　日本覆刊本　四本

文公家禮六卷　宋朱熹　仿宋本　三本

大金集禮四十二卷　廣雅局本　附校勘記識語　四本

元典章六十卷典章新集　無卷数　京師法律館刊本　二十四本

唐律疏議三十卷　唐長孫無忌　十四本

明令一卷　日本刊本　一本

又一部　一本

律服考古録二卷　楊峒　一本

大明律三十卷明律條例一卷　日本享保刊本　三本

又一部　九本

歷代刑官考二卷 沈家本 排印本 一本

吾學録初編二十四卷 吴榮光 六本

又一部 八本

滿洲四礼集 不分卷 索寧安 五本

盛京典制備考八卷 崇厚 六本

聖廟祀典図考七卷 顧沅 學刊本 附聖蹟図孟子聖蹟図 六本

聖廟祀典輯聞十四卷 黄位清 前有先聖年譜孟子時事考各二卷 六本

澤宮序次擧要二卷 洪恩波 二本

樞垣紀略二十四卷 梁章鉅 六本

欽定臺規四十卷 十本

欠

海運芻言一卷	施彦士 附図	一本
河東鹽法備覽十二卷	蔣兆奎	八本
兩淮鹽法撰要二卷	陳慶年	一本
又一部		一本
兩廣鹽務運道冊籍	不分卷	四本
温處鹽務紀要一卷	趙舒翹	一本
又續編一卷	沈壽銘	一本
治浙成規八卷	浙江局本	八本
鄂省丁漕水利合編十卷	王大經	十本
籌餉事例等五種	不分卷	七本

礦政輯略十三卷 劉嶽雲 石印本 八本

開平煤礦公牘一卷 唐廷樞 一本

欽定度量權衡畫一制度圖說總表推行章程農工商部 一本

度量衡說統六卷 日本最上德內 日本刊本 三本

中西度量權衡表一卷 沈敦和 一本

三事忠告四卷 元張養浩 日本刊本 一本

政學録初稿八卷 陸言 八本

治譜十卷萖一卷 明佘自强 明刊本 六本

牧令書二十三卷保甲書四卷 徐棟 十二本

二五五

徐雨峰中丞勘語四卷 徐士林 四本

明刑弼教録六卷 王祖源輯 一本

読律心得三卷 劉衡 一本

紀公求雨文一卷 一本

從公録四卷 戴肇辰 三本

右共三十九部六百二十二卷一百九十三本

傳記類

欠

闗里述聞十四卷 鄭曉如 八本

列女傳八卷 漢劉向 阮氏仿宋本 二本

列女傳三卷 漢劉向 日本刊本 三本

列仙傳二卷 漢劉向 同 附考異 一本

高士傳圖三卷 晋皇甫謐 二本

宋名臣言行録前集十卷後集十四卷 宋朱熹 續集八卷別集上十三卷下十三卷外集十七卷 宋李又武 洪刻元本 十四本

又一部 桂刻本 十二本

昭德録一卷 宋無名氏 粵雅堂刊本 一本

元名臣事略十四卷 元蘇天爵 四本

丑文廿六

草莽私乘一卷　元陶宗儀輯　新陽趙氏新刊本　一本

明朝列卿紀百六十五卷　明雷礼　明刊本　缺七十三至七十五　九十五至一百　四十六本

藩獻記四卷　明朱謀㙔　明刊本　一本

欽定勝朝殉節諸臣録十二卷　官撰　浙江布政使刊本　三本

滿漢名臣傳　不全　七十一本

碑傳集百六十卷　錢儀吉　蘇局本　六十本

續碑傳集八十六卷　繆荃孫　三十本

熙朝宰輔録　不分卷　穆彰阿　潘世恩　一本

軍機章京題名記　不分卷　潘世恩　一本

國朝漢學師承記八卷宋學淵源記二卷附録一卷

江藩　四本

登科記考三十卷　徐松　南菁書院刊本　十四本

明清進士題名碑録　自洪武至咸豐　十四本

（明清[illegible]）貢學攷畧五卷　四本

康熙己未詞科録十二卷　秦瀛　六本

鶴徵録八卷　李集　後録十二卷　李富孫　六本

詞科掌録十七卷餘話七卷　杭世駿　十本

詞林典故八卷　張廷玉等　殿本　八本

國朝翰詹源流編年二卷館選爵里謚法考二卷　吳鼎雯

二七　廿七

四本
清秘述聞十六卷 法式善 續十卷 王家相 補一卷 錢惟福（錢怡福） 八本
宣統己酉縉紳全書 四本
宣統四年職官録 八本
歷代聖賢圖像二卷 明孫承恩 四本
吳郡名賢圖傳贊二十卷 顧湘 八本
涑川名人畫像四卷附録二卷 程祖慶 二本
姑蘇名賢小記二卷 明文震孟 一本
金華徵獻畧二十卷 王崇炳 八本

涑水司馬氏源流集略八卷　明司馬晰　明刊本　四本

右共四十部六百三十八卷二百九十七本

政書類

魏鄭公諫録五卷　唐王綝　續録二卷　元翟思忠　日本刊行　四本

魏鄭公諫録五卷續録二卷魏文貞故事拾遺三卷

王先恭　魏文貞公年譜一卷　王先恭　新舊唐書魏徵傳

合注一卷 王先謙 長沙王氏刊本 六本

陸宣公奏議郎注十五卷制誥十卷附録一卷 唐陸贄 淮南局本 四本

陸宣公集二十二卷 尚竹軒刊本 閩 六本

包孝肅奏議 不分卷 宋包拯 活字本 二本

趙忠定奏議四卷附宋忠定趙周王別録八卷 葉德輝輯 六本

太師王端毅公奏議十五卷 明王恕 明刊本 八本

夏桂洲奏議二十一卷 明夏言 附補遺 江西局本 十二本

蠶遇録 不分卷 明吳世忠 明刊本 四本

趙文毅公奏議六卷　明趙用賢　家刊本　有附録　一本

于清端公政書九卷　于成龍　附外集一卷　十本

駱文忠公奏議湘中稿十六卷四川奏議十一卷附録一卷　駱秉章　二十四本

胡文忠公遺集十卷　胡林翼　有年譜本傳　八本

胡文忠公政書十四卷　有年譜本傳　十六本

劉武慎公遺書三十五卷　劉長佑　有行狀　二十五本

滇黔奏議十卷　劉嶽昭　六本

郭侍郎奏議十二卷　郭嵩燾　十二本

竹坡侍郎奏議二卷　寶廷　二本

嘉定先生奏議二卷 蓀致祥 長白先生奏議二卷 宝廷 二本
江楚會奏變法摺 劉坤一 張之洞 一本
滇南事實 不分卷 黄夢菊 二本
右共三十部二百三十冊卷一百五十四本

譜錄類

先聖生卒年月日考二卷 孔廣牧 一本

8/20　欠

又一部　廣雅局本　一本

孔子編年四卷　狄子奇　江寧府刊本　一本

鄭君年譜一卷陳思王年譜一卷陶靖節年譜一卷陸宣公年譜一卷　丁晏　頤志齋本　一本

王右軍年譜一卷　魯一同　一本

孔北海年譜一卷魏文靖公年譜一卷補輯李忠毅公年譜一卷韓翰林詩譜略一卷　繆荃孫　一本

朱子年譜四卷附錄二卷校勘記三卷　王懋竑　武昌局本　四本

蘇米志林二卷　毛鳳苞　綠君亭本　三本

米襄陽志林十三卷附遺集一卷海嶽名言一卷寶章待訪録一卷硯史一卷　明范明泰編　廿二本

洪文惠公年譜一卷洪文敏公年譜一卷陸放翁先生年譜一卷深寧先生年譜一卷弇州山人年譜一卷　錢大昕　嘉興郘齋刊本　一本

廣元遺山年譜二卷　李光廷　廣東刊本　二本

周文襄公年譜一卷　周仁俊　二本

王陽明出身靖亂録三卷　明墨憨齋編　日本刊本　三本

杜歷史録一卷　明王之垣　一本

戚少保年譜十二卷　戚祚國　初堂刊本　十二本

張忠烈公年譜一卷　舊題余祖望　慈谿童氏刊本　一本

明懿安皇后外傳一卷　紀昀　一本

又一部　一本

李文襄公年譜一卷　程光禋　一本

觀復堂稿略一卷　明朱集璜　朱柏廬先生編年毋欺録三卷　帰

震川先生年譜一卷　孫岱　顧亭林先生年譜一卷　吳應奎

六本

亭林年譜一卷潛丘年譜一卷　張穆　壽陽祁氏刊本　二本

陸清獻公年譜一卷　吳光　一本

吳門七孝子像傳讚題辞　一本

三一六

3/24

阿文成公年譜三十四卷 那彥成 家刊本 十六本

弇山畢公年譜一卷 史善長 一本

齊威烈公年譜一卷 一本

恩福堂年譜一卷 英和 家刊本 一本

楊忠武公行状一卷 楊國佐國楨 一本

楊宮保中外勤勞録一卷 楊芳 家刊本 一本

李申耆先生年譜三卷 蔣彤 附録一卷 二本

龔定庵年譜一卷 吴昌綬 朱印本 一本

花甲閒談十六卷 張維屏 四本

懷忠録五卷 湯果卿 廿一本

多忠勇公勤勞録四卷　雷正綰　四本

克復金陵勳德記一卷　劉毓崧　一本

求闕齋弟子記三十二卷　王定安　十六本

左文襄公年譜十卷　羅正鈞　十本

玉池老人自叙一卷　郭嵩燾　一本

孫氏世乘三卷　孫兆熙　三本

疑年録四卷　錢大昕　續疑年録四卷　吳修　二本

續三疑年録十卷　陸心源　三本

張憶娘簪花圖詠一卷　江標録　一本

湘烟小録四卷　陳裴之　一本

右共五十七部一百七十八卷一百零八本

外史類

日本逸史四十卷考異一卷 日本藤原緒繼等 二十一本

逸史十三卷 日本中井積善 鈔本 五本

日本外史二十二卷 日本賴襄 日本刊本 十二本

又一部 上海刊本 十二本

續日本外史十卷 馬杉繫 日本刊本 六本

近世日本外史十卷續二卷　関機　八本

日本政記十六卷　賴久太郎　日本刊本　六本

野史二百九十四卷　飯田忠彦　同　二十七本

通語十卷　日本天樂翁　中井積德　一本

大日本貨幣史十三卷　諸幣部附錄　十三本

丙丁炯戒錄一卷　塩谷世弘　二本

征韓偉略五卷　川口長孺　五本

又一部　五本

終北錄一卷　高津泰　一本

元寇紀略二卷　大橋順　二本

又一部　二本

扶桑隱逸傳二卷　草山沙門　一本

增補三原志稿　日本青木充延 沢村常四郎　一本

先哲叢談十六卷　原善公道　九本

又続編十二卷　東條耕　六本

扶桑蒙求三卷　岸鳳質　三本

日本樂府一卷　賴襄　一本

三國遺事五卷　僧一然　三本

東國史略五卷　盧江吳氏刊本　二本

東國通鑑五十六卷　日本刊本　三十本

懲毖録四巻 高麗柳成龍 日本刊本 四本

又一部 四本

朝鮮世表一巻朝鮮載記備編二巻朝鮮楽府一巻

盧江呉氏刊本 一本

三陵誌状続編一巻 高麗宮本 一本

中山傳信録六巻 徐葆光 日本翻刻本 六本

安南志略十九巻 安南黎崱 鉛印本 四本

大越史記全書外紀全書五巻本紀全書九巻 安南呉士連 本紀

実録六巻紀続編三巻 范公著 本紀續編追加一巻 黎僖 日本刊本

十本

右共三十九部六百一十四卷二百十四本

氏族類

元和姓纂十卷　唐林寶　廣東刊本　四本

古今姓氏書辯證四十卷　宋鄧名世　岱南閣本　四本

姓氏譜纂六卷　明李日華　岱南閣本　明刊本　六本

姓氏尋源四十五卷　張澍　十二本

姓解辨誤一卷　段朝端　一本

右共六部二百卷四十八本

地志類

山海经十八卷 晋郭璞注 黄氏刊本 二本

山海经新校正十八卷 畢沅 经訓堂本 三本

括地志八卷 孫星衍輯 朱氏槐廬刊本 二本

元和郡縣図志三十七卷補志九卷 唐李吉甫 金陵局本 八本

又一部 聚珍本 十六本

卷四缺

太平寰宇記二百卷　宋樂史　金陵局本　三十六本

元豐九域志十卷　宋王存　馮刊原本　四本

又一部　四本

輿地廣記三十八卷札記二卷　宋歐陽忞　金陵局本　四本

輿地紀勝二百卷　宋王象之　粵雅堂本　二十二本

又一部二百卷校勘記五十二卷補闕十卷　岑刻原本　五十本

大明一統志九十卷　明李賢等　萬曆刊本　二十四本

又一部　不全　十六本

皇輿考二十卷　明張天復　明刊本　十二本

輿圖備考十八卷　潘光祖　六本

又一部 欠第二卷 十五本

天下郡國利病書一百二十卷 顧炎武 六十六本

方輿紀要簡覽三十四卷 顧祖禹 六本

輿地沿革表四十卷 楊丕復 二十四本

大清一統志表 不分卷 官撰 六本

歷代地理韻編今釋二十卷皇朝輿地韻編二卷 李兆洛 石印本

四本

畿輔通志一百二十卷 欠卷一至卷六 四十七本

江南通志二百卷 趙弘恩 八十本

安徽通志三百六十卷 沈葆楨等 百二十本

皖省志略四卷　朱雲錦　四本

江西通志百八十五卷　李文敏　百二十本

又一部　百二十本

湖南通志三百十五卷　李瀚章　百六十八本

河南通志五十卷　賈漢復　十六本

又八十卷續五十卷　王士俊等　續阿思哈等　七十二本

山西通志百八十四卷　缺~~卷首卷一卷十卷~~五十卷五十一五十七卷九十七九十八　張曜煦

九十一本

陝西通志一百卷　劉於義　一百本

四川通志二百二十六卷　常明等　百六十本

廣西通志二百八十卷　謝啓昆　六十四本

雲南通志三十卷　尹繼善　三十本

雲南備徵志二十一卷　王崧　十六本

又一部　不全　十二本

貴州通志四十六卷　張廣泗　三十二本

欽定新疆識略十三卷　瑞親王等　十本

欽定皇輿西域圖志五十二卷　傅恒等

吉林外紀十卷　薩元伯　英額　四本

黑龍江外紀八卷　西清　二本

蒙古游牧記十六卷　張穆　四本

伊犁總統事略十六卷綏服紀略圖詩一卷西陲竹枝詞一卷 松筠 ~~缺廿卅兩卷~~ 六本

西陲要略四卷 祁韻士 二本

西藏圖考九卷 黃沛翹 四本

西招圖畧 不分卷 松筠 二本

華陽國志十三卷 晉常璩 有附錄 廖氏題襟館刊本 四本

又一部 四本

荊州記三卷 曹元忠輯 盛宏之撰 一本

長安志圖三卷長安志二十卷 宋宋敏求 六本

又一部十八卷 十六卷以下缺 三本

吳郡図经續記三卷 朱長文 乾隆刊本 三本

六朝事迹編類十四卷 張敦頤 宝章閣仿宋本 四本

景定建康志五十卷 馬光祖重刻宋本 吳槎客藏本 二十四本

嘉定鎮江志二十二卷附錄一卷校勘記二卷 宋盧憲 丹徒包氏刻本

七本

至順鎮江志二十一卷 元俞希魯 包氏刊本 六本

新安志十卷 羅願 歙縣李氏刊本 四本

石柱記箋釋五卷 鄭元慶 二本

又一部 粵雅堂本 二本

嚴州圖经三卷 宋董弅 二本

剡録十卷　宋高似孫　二本

又一部　二本

咸淳臨安志九十五卷　宋潛説友　附札記三卷　振綺堂刊本　二十四本

蠻書十卷　唐樊倬　一本

佛國記一卷　晋法顯　学津討原本　一本

大唐西域記十二卷　唐玄奘　日本刊本　六本

慧超往五天竺傳箋釋　日本藤田豐八排印本　一本

又一部　一本

同治上江兩縣志二十九卷　劉壽曾等　十二本

光緒武進陽湖縣志三十卷　湯成烈等　二十本

邳州志二十一卷　魯一同　四本

嘉慶海州志（直隸州）三十三卷　唐仲冕　十本

又一部　十本

清河縣志二十五卷　魯一同　五本

寶應圖經八卷　劉宝楠　淮南局本　四本

鹽城縣志十五（七）卷　龍繼棟　八本

滁州志十二卷　潘荌銓　十本

盱眙縣志稿十七卷　王錫元　八本

又　八本

繁昌縣志三十卷　梁延年　六本

三九六九

上饒縣志十二卷　連柱　四本

新城縣志八卷　張瓚　二本

嘉興府志九十卷　吳仰賢

歸安縣志五十二卷　陸心源　十六本

南潯鎮志三十二卷　汪曰楨　附蓮漪文鈔八卷　十二本

紹興府志八十卷　平恕　缺十七　十八　六十二　六十三　六十九　七十　八十　共七卷　四十二本

上虞縣志五十卷　朱士黻　二十本

衢州府志四十卷　劉國光　十二本

宜昌府志十六卷　王柏心　十六本

桂陽州志二十七卷　王闓運　十三本

4/6

開封府志四十卷 張沐等 十本

祥符縣志 殘 六本

洧川縣志八卷 李仲等 四本

河南府志 殘 六本

洛陽縣志三十六卷 殘 缺卷一至卷七 卷十 卷十二 十三 卷十七 卷二十八 二十九

二十本

衛輝府志五十五卷 畢沅等 二十四本

彰德府志三十四卷 畢沅等 二十本

獲嘉縣志十七卷 ~~李棟等~~ 吳喬齡纂 六本

濟南府志七十三卷 成瓘等 四十本

四〇七〇

青州府志六十四卷 李図 十六本

日照縣志十二卷 張廷(庭)詩 四本

太原府志六十卷 沈之奇 二十四本

盂縣志二十三卷 石丙筵等 十本

平定州志十七卷 張彬 十六本

代州志七卷 吳重光 八本

直隸絳州志二十卷 李友洙 八本

武功縣志三卷附録一卷勘證一卷朝邑縣志二卷附録一卷勘證一卷 明康海韓邦靖 一本

澄城縣志二十卷 洪亮吉 四本

邠州志二十五卷　孫星衍　四本

鄠縣新志六卷　孫景烈　四本

耀州志十一卷　明喬世寧　續志十一卷　汪灝　四本

華陰縣志九卷　明張毓翰　二本

郃陽縣全志四卷　孫景烈　四本

平利縣志四卷　黃寬　二本

河套志六卷　陳履中　四本

口北三廳志十七卷　黃可潤　六本

清河縣疆域沿革表一卷　蕭全裕　一本

貴池縣沿革表一卷　劉世珩　一本

四一七十

又一部　一本

大清一統輿圖三十二卷　胡林翼　湖北官本　十二本

又一部　三十二本

江蘇全省輿圖　不分卷　諸可寶　江蘇局本　三本

吳縣圖　不分卷　六本

江西全省輿圖十四卷　曾國藩　十五本

江西全省輿地図表十四卷　會典館本　十四本

兩浙輿図　英額伊靖阿　一本

浙江全省輿図并水陸道里記　不分卷　宗源瀚　會典館本　二十本

福建全省輿地図説　會典館本　一本

臺灣輿圖　夏獻綸　二本

湖北輿地圖　四本

又說二十四卷　二十四本

廣東圖　三本

廣東全省輿圖　張人駿　會典館本　二本

歷代黃河圖　一本

三省黃河図說　倪文蔚　五本

長江図說十二卷　馬徵麟　五本

歷代輿地沿革險要図　楊守敬　饒敦秩　一本

又同本一部

閱史約書一卷　王光魯　一本

春秋列國地圖一卷	楊守敬	一本
前漢地理志図一卷	楊守敬	一本
三國疆域図一卷	楊守敬	一本
北魏地形志圖一卷	楊守敬	一本
水經四十卷	魏酈道元注 古今逸史本	十本
又四十卷	明鍾惺刊本	九本
又不分卷	戴氏遺書本	八本
水经注釋四十卷水经注箋刊誤十二卷	趙一清原刊本	十六本
又一部	花雨楼重刊本	二十本

4/13

水經注匯校四十卷　楊希閔　福州刊本　有附錄二卷　十二本

水经注疏要删四十卷補遺四十卷　楊守敬　十六本

合校水经注四十卷　王先謙　思賢書局刊本　首一卷　附錄二卷　十六本

水經注図説残稿四卷　董祐誠　董方立遺書本　一本

水經注圖二卷　汪士鐸　石印本　二本

水经注図　楊守敬　八本

今水经一卷　黄宗羲　一本

水道提綱二十八卷　齊召南　原刊本　八本

河防一覽十四卷　明潘季馴　十本

治河方略十一卷　靳輔　原刊本　秦敦夫藏書　十本

四三七王

行水金鑑一百七十五卷　傅澤洪　三十五本

治河七説七卷　劉鶚　一本

黄運河口古今図説　麟慶　一本

潞水客談一卷　明徐貞明　一本

畿輔水利径進稿一卷　林則徐　一本

河北采風録　不分卷　王鳳生　四本

臨漳縣漳水図径一卷　姚柬之　一本

五省溝洫圖説一卷　沈夢蘭　江蘇局本　一本

東南水利論四卷　張崇傃　二本

湖州府水道図説一卷　王鳳生　一本

五鄉水利本末二卷 元陳恬 連氏刊本 二本

續五鄉水利本末一卷 連蘅 連氏刊本 一本

太湖備考十七卷湖程記畧一卷 金友理 續編四卷 鄭言紹 十二本

淮揚水利圖説一卷 馮道立 一本

又一部 一本

揚州水道記四卷 劉文淇 原刊本 四本

雄州水利諸陂記一卷 羅含章 一本

蜀水考四卷 陳登龍 二本

西域水道記四卷 徐松 附新疆賦一卷 五本

宸垣識略二十六卷	吳長元	八本
天咫偶聞十卷	震鈞	八本
禁扁五卷	元王士點　揚州詩局本	二本
山東省保存古蹟表一卷	羅震鈞	一本
宋東京考二十卷	周城	四本
洛陽伽藍記五卷	魏楊衒之　綠君亭本	一本
又一部	廣百川学海本	一本
洛陽名園記一卷附録一卷	宋李格非　日本刊本	一本
桂海虞衡志一卷	宋范成大　明刊本	二本
前武林舊事六卷後集武林舊事五卷	宋周密　秘笈本	六本

西湖游覽志二十四卷志餘二十六卷　明田汝成　錢唐丁氏刊本　十二本

西湖志四十八卷　李衛　原刊本　四十本

東城雜記二卷　厲鶚　粵雅堂本　二本

北隅掌錄二卷　黃士珣　振綺堂刊本　二本

又一部　二本

湖雅九卷　汪曰楨　三本

吳門補乘十一卷　錢思元　五本

吳門畫舫二卷續錄三卷　三本

瀛壖雜志六卷　王韜　二本

4/90

白下瑣言十卷　甘熙　四本
廣陵通典十卷　汪中　淮南局本　二本
廣陵事略七卷　姚文田　四本
揚州畫舫録十八卷　李斗　五本
又一部　四本
淮壖小記四卷　范以煦　二本
津門雜記三卷　張燾　三本
小琉球漫志十卷　朱仕玠　二本
御製避暑山莊詩二卷　殿本　二本
恭題上方二山紀游集一卷　查礼　一本

廣輿詩草六卷附編一卷　宋思仁　二本

金陵雜詠一卷　王友亮　一本

秣陵集六卷　陳文述　淮南局本　三本

吳歈百絶一卷　蔡雲　一本

淮流一勺二卷　范以煦　一本

西湖漁唱七卷　許承祖　二本

越詠二卷　周調梅　二本

二十一都懷古詩一卷　高麗柳得恭　朝鮮刊本　一本

奉使録二卷　明張寧　一本

扈從東巡日録二卷　高士奇　二本

欠

扈從西巡日録一卷 高士奇 一本

黔軺紀行集一卷 蔣攸銛 一本

康輶紀行十六卷 姚瑩 九本

辛卯侍行記六卷 陶葆廉 六本

海客日譚六卷 四本

灕江雜記一卷 金武祥 一本

東陲紀行一卷 劉文鳳 一本

東三省路程一卷 聶士成 一本

長白山録二卷 王士禛 一本

泰山道里記一卷 聶鈫 二本

4/21

説嵩三十二卷 景日昣 十本

武夷山志二十五卷 董天工 八本

古清涼傳二卷 唐沙門慧祥 廣清涼傳三卷 宋沙門延一 續清涼傳二卷 宋張商英 補陁落伽山傳一卷 元盛熙明 吳縣蔣氏刊本 二本

清涼山志十卷 明沙門鎮澄 四本

寶華山志十六卷 劉名方 四本

雲臺山志八卷 崔應階 四本

黄山導十四卷 汪璂 王士正 六本

龍井見聞錄十卷 汪孟鋗 四本

浯溪攷二卷 王士正禎 一本

四七七七

4/27

蘭亭志十二卷 吴高增 二本

平山堂図志十一卷 趙之壁 四本

建隆寺志略十卷 釈昌立 二本

唐土名勝図會六卷 日本纂刻 六本

籌海圖編十三卷 明胡宗憲 八本

三省邊防備覽十四卷苗防備覽二十二卷洋防輯要二十四卷 嚴如熤 三十二本

雲南勘界籌邊記二卷 姚文棟 二本

滇南礦廠図略不分卷 吴其濬 二本

海語三卷 明黄衷 嶺南遺書本 一本

西洋朝貢典録三卷 明黃省曾 粵雅堂本 一本

朝鮮賦一卷 明董越 日本刊本 一本

瀛寰志略十卷 徐繼畬 原刊本 六本

又一部 日本刊本 十本

海國圖志八卷 魏源 日本刊本不全 六本

朔方備乘六十八卷首卷十二卷 何秋濤 石印本 八本

北徼彙編六卷 何秋濤編 六本

海外番夷録四種四卷 二本

琉球國志略十七卷 周煌 六本

琉球地理志二卷 姚文棟 一本

四八七八

俄國

越南地輿図說二卷　盛慶紱　一本

亞洲俄屬游記二卷　英国蘭士德路　二本

西比利亜東偏紀要一卷　曹廷杰　一本

右共二百六十九部七千二百五十七卷

目録類

八史經籍志　鎮海張氏刊本　三十卷　十二本

前漢藝文志一卷　隋書経籍志四卷　舊唐書

4/30

经籍志二卷　唐書藝文志四卷　宋史藝文志八卷　又補一卷 盧文弨　補遼金元藝文志一卷 盧文弨　補三史藝文志一卷 金門詔　補元史藝文志四卷 錢大昕　明史藝文志四卷

漢書藝文志考證十卷 宋王應麟 浙江局本　二本

補後漢書藝文志三十一卷 顧櫰三　六本

又四卷 侯康 廣雅局本　一本

補三國志藝文志四卷 侯康 廣雅局本　一本

補晉書藝文志四卷 丁國鈞 附録一卷　二本

補晉書経籍志四卷 吳士鑑　一本

四九七九

隋经籍志考證十三卷 章宗源 武昌局本 四本

宋史藝文志補一卷 倪燦 廣雅局本 一本

補元史藝文志四卷 錢大昕 江蘇局本 一本

明南雍經籍攷二卷 一本

國史經籍志六卷附録一卷 明焦竑 日本刊本 十本

崇文總目四卷 錢東垣輯 後知不足齋刊本 四本

宋秘書省續編到四庫闕書目二卷 葉德輝考證 長沙葉氏刊本 二本

郡齋讀書志二十卷 宋晁公武 鈔本 六本

直齋書録解題二十二卷 宋陳振孫 江蘇局本 六本

欽定四庫全書總目二百卷 廣州刊本 百二十本

四庫簡明目録二十卷 廣州刊本 十二本

揅経室外集五卷 阮元 全集本 二本

浙江採集遺書總録十二卷 沈初 附集一卷 十一本

天禄琳瑯書目十卷後編二十卷碑目一卷 阮元編 于敏中等 長洲刊本 十本

天一閣書目十卷碑目一卷 阮元編 十本

愛日精廬藏書志三十六卷續志四卷 張金吾原刻本 八本

鐵琴銅劍樓藏書目録二十四卷 瞿鏞家刻本 十本

又一部 十本

五〇八〇

楹書隅録五卷續編四卷　楊紹和　海源閣原本　八本

皕宋樓藏書志百廿卷續志四卷　陸心源　三十二本

善本書室藏書志四十卷　丁丙　十二本

藝風藏書記八卷　繆荃孫　二本

莫高窟石室秘録一卷　一本

經籍訪古志六卷補遺一卷　日本澁江全善森立之　日本活字本　八本

日本訪古書志十六卷　楊守敬　八本

讀書敏求記四卷　錢曾　四本

繡谷亭薰習録三卷　吳焯　仁和吳氏刊朱印本　一本

竹汀先生日記鈔三卷　抄　武訓堂本　一本

經籍跋文一卷　陳鱣　武訓堂本　一本

拜經樓藏書題跋記五卷附録一卷　吴壽暘輯　武訓堂本　四本

士礼居藏書題跋記六卷　潘祖蔭輯　滂喜齋刊本　四本

士禮居藏書題跋記續一卷　繆荃孫輯　元和江氏刊本　二本

古泉山館題跋一卷　瞿中溶　江陰繆氏刊本　一本

開有益齋讀書志六卷續志一卷金石文字記一卷　朱緒曾　四本

勞氏碎金三卷　吴昌綬輯　一本

曝書雜記三卷　錢泰吉　武訓堂本　三本

宋元舊本書經眼録三卷附録二卷　莫友芝　一本

儀顧堂題跋十六卷續跋十六卷　陸心源　八本

儀顧堂續題跋十六卷　六本

古文舊書考四卷　日本島田翰　附古今書刻一卷　四本

遂初堂書目一卷　宋尤袤　說郛本　一本

古今書刻二卷　明周弘祖　長洲葉氏刊本　二本

得月樓書目一卷　明李如一　江陰金氏刊本　一本

澹生堂書目十四卷　明祁承㸁　山陰徐氏刊本　四本

萬卷堂書目四卷　明朱睦㮮　一本

絳雲樓書目四卷　粤雅堂本　二本

絳雲樓書目補遺一卷附靜惕堂宋元集目一卷徵刻唐宋秘書目錄一卷考證二卷竹崦庵傳鈔書目一卷 長沙葉氏刊本 一本

述古堂書目四卷 錢曾 粤雅堂本 二本

四庫全書總目目 不分卷 日本刊本 六本

潛采堂書目四種四卷 一本

文瑞樓藏書目錄十二卷 金閶妙香室鈔本 四本

藝芸書舍宋元本書目一卷 滂喜齋刊本 汪閬源 一本

又一部 一本

又 晨風閣本 一本

海源閣藏書目一卷 楊紹和 靈 閣刊本 一本

稽瑞樓書目一卷 陳揆 八甓 齋刊本 一本

結一廬書目四卷 長沙葉氏刊本 有附録 一本

結一廬書目四卷滂喜齋宋元本書目一卷 晨風閣本 一本

持靜齋書目四卷續增一卷 丁日昌家刊本 五本

黄氏 五桂樓書目四卷 黄聯鑣 二本

群碧樓書目九卷書衣雜識一卷 鄧邦述排印本 四本

卅月樓書目二卷 日本寫本 二本

岩崎氏宋元本書目一卷 一本

海虞藝文志六卷　姚福均　家刻本　二本

杭州藝文志十卷　杭州府志稿本　仁和吴氏刊　四本

嘉定錢氏藝文志略一卷　錢師璟　附先德述聞一卷　一本

汲古閣校刻書目一卷補遺一卷　小石山房叢書本　一本

金山錢氏家刻書目十卷　錢培蓀　四本

武英殿聚珍版書目一卷　福建刊本　一本

學古堂藏書目　不分卷　二本

廣雅書院藏書目録八卷　四本

古越藏書樓書目二十卷　八本

江南圖書館書目　不分卷　八本

五三　八三

涵芬樓藏書目録 不分巻 一本

傳教大師將來目録一巻 日本僧最澄 影旧巻子本 一本

舊日本古刻書史 日本朝倉亀三 一本

現存日本大藏経冠字目録 日本藤井宣政 一本

又続藏経目録四巻 一本

足利學校遺跡図書館書目 一本

日本帝國図書館書目 七本

日本東京圖書館書目 一本

浙江官書局書目 一本

廣雅書局書目 一本

彙刻書目　顧修　十本

又朱氏增訂本　二十本

彙刻書目外集　日本松沢老泉　六本

行素堂目睹書目　朱記榮　後附汲古閣秘本書目　十本

經義考三百卷　朱彝尊　曝書亭本　六十本

又一部　六十四本

经義攷補正十二卷　翁方綱　粤雅堂本　六本

小學考五十卷　謝啓昆　石印本　六本

古今僞書考一卷　姚際恒　長沙刊本　一本

又一部　一本

國朝未刊遺書志略一卷　朱記榮　觀自得齋刊本　一本

皕宋樓藏書源流考一卷　日本島田翰　一本

留真譜初編八卷　楊守敬　八本

群書拾補　不分卷　盧文弨　石印本　八本

群書校補　不分卷　陸心源　二十本

札迻十二卷　孫詒讓　四本

雲自在龕群書拾補　繆荃孫　一本

右共一百二十八部一千六百十四卷六百四十一本

金石類

考古圖十卷 宋呂大臨 王氏刊本 四本

宣和博古圖三十卷 明刊本 十六本

沼興古器評二卷 宋張掄 津逮秘書本 二本

嘯堂集古録二卷 後四卷 宋王休 附跋畢王秦 酹経堂校刊本 四本

王復齋鐘鼎疑識一卷 款 阮刊本 一本

又一部 葉氏叢刻本 一本

薛氏鐘鼎疑識二十卷 宋薛尚功 四本

又一部 劉氏刊本 四本

欽定西清古鑑四十卷錢録十六卷		銅板本	二十四本
積古齋鐘鼎彝器款識十卷	阮元	原刊本	四本
敬吾心室識篆圖 不分卷	朱為弼	石印本	二本
懷米山房吉金圖 不分卷	曹載奎	石刻本	一本
筠清館金文五卷	吳榮光	原刊本	五本
長安獲古編三卷	劉喜海	家刻本	二本
又一部			二本
從古堂款識學十六卷	徐同柏	石印本	八本
兩罍軒彝器圖釋十二卷	吳雲	原刊本	六本
二百蘭亭齋金石記 不分卷	吳雲	原刊本	一本

攀古樓彝器款識不分卷	原刊本	潘祖蔭	二本
恒軒所見所藏吉金録不分卷	原刊本	吴大澂	二本
古籀拾遺三卷政和礼器文字考一卷	原刊本	孫詒讓	二本
又一部			二本
奇觚室吉金文述二十卷	石印本	劉心源	十本
古文審八卷	原刻	劉心源	四本
陶齋吉金録八卷续録二卷補遺一卷	石印本	端方	
			十本
隸釋二十七卷隸續二十一卷	汪刊原本	宋洪适	十二本
隸續廿一卷	曹楝亭刊本		二本

又一部 日本刊本 四本

汪本隸釋刊誤一卷 黃丕烈 金陵局本 一本

古劍叢鈔一卷 元陶宗儀 誦芬閣刊本 一本

金薤琳琅二十卷補遺一卷 明都穆盧校 原刊本 六本

求古録一卷 顧炎武 掃葉山房席氏刊本 二本

金石存十五卷 吳玉搢 李刊原本 十二本

又一部 石印本 四本

兩漢金石記二十二卷 翁方綱 原刊本 六本

漢碑録文四卷 馬邦玉 連雲簃本 四本

金石萃編百六十卷 王昶 五十本

欠

金石文鈔八卷續鈔二卷	趙紹祖	原刊本	十本
金石萃編補正四卷	方履籛	石印本	四本
金石續編二十一卷	陸耀遹	原刊本	十六本
績語堂碑録不分卷	魏錫曾		二本
古志石華三十卷	黃本驥	三長物齋本	十一本
陶齋藏石記四十四卷附藏甎記二卷	端方	石印本	十二本
常山貞石志二十四卷	沈濤	原刊本	十二本
趙州石刻録三卷	陳鍾祥		二本
又一部			二本
永清金石録一卷	周震榮	鈔本	一本

五七 八七

雍州金石志十卷記餘一卷	朱楓	四本
武功金石一隅録一卷	段嘉謨	一本
関中金石存佚考十二卷	毛鳳枝	十二本
昭陵石跡攷略五卷	林侗	二本
昭陵碑考十二卷	孫三錫	六本
昭陵碑録三卷附録一卷補遺一卷	羅振玉	二本
中州金石記五卷	畢沅	二本
安陽金石録十二卷	武億	四本
又一部		四本
偃師金石遺文補録八卷	武億	二本

山西金石記十卷　張煦　通志本　十本

山右石刻叢編四十卷　胡聘之　二十四本

山右金石録一卷　夏寶晋　一本

山右訪碑録一卷　魯燮光　鈔本　一本

山左金石志二十四卷　阮元　原刊本　十二本

濟南金石志四卷　府志本　四本

益都金石記四卷　段松苓　四本

山左北朝石存目一卷　法偉堂　一本

又一部　一本

山左訪碑録十三卷　法偉　二本

至聖林廟碑目六卷	孔昭薰	二本
又一部		一本
江甯金石記八卷待訪目一卷	嚴觀原刊本	二本
海州金石錄一卷	海州志本	一本
淮陰金石僅存録一卷附録一卷補遺一卷	小方壺齋排印本	一本
		一本
虎邱石刻僅存録一卷	潘鍾瑞	一本
安徽金石略十卷	趙紹祖 貴池劉氏刊本	四本
兩浙金石志十八卷補遺一卷	阮元原刊本	十二本
墨妙亭碑目考四卷附考一卷	張鑑 江蘇局本	二本

吳興金石記十六卷　陸心源　四本

東甌金石志十二卷　戴咸弼撰　孫詒讓補　四本

越中金石目二卷　杜春生　~~鈔~~刊本　一本

越中金石録二卷　沈復粲　鈔本　一本

又一部　一本

括蒼金石志十二卷續四卷　李遇孫　六本

又續四卷　二本

蒼玉洞宋人題名不分卷　劉喜海　二本

湖北金石志十四卷　繆荃孫　通志稿本　十四本

蜀碑記十卷宋王象之補十卷　李調元　函海本　一本

欠. 5/27

三巴金石記苑 不分卷 劉喜海 原刊本 十本

萬縣西南山石刻記二卷附一卷 周頤 一本

粵東金石略九卷附録三卷 翁方綱 原刻本 四本

又一部 石印本 四本

粵西金石略十五卷 謝啓昆 四本

滇南古金石録一卷 阮福 附文筆考一卷 一本

和林金石録一卷附和林詩 李文田 一本

海東金石苑四卷 劉喜海 張氏刊本 四本

日本金石志五卷表一卷 傅雲龍 籑喜廬本 日本圖經本 四本

日本金石年表一卷 日本排印本 一本

又一部　一本
扶桑鐘銘集四卷　日本岡崎信好　日本刊本　三本
集古録目十卷　繆荃孫輯　自刊本　三本
又一部　三本
輿地碑記目四卷　宋王象之　滂喜齋本　四本
寶刻叢編二十卷　宋陳思　海豐吴氏刊本　八本
寶刻類編八卷　宋無名氏　嘉蔭簃刊本　八本
古今碑帖考一卷　明胡文煥　格致叢書本　一本
天下金石志　不分卷　明于奕正　鈔本　二本
古林金石表一卷　曹溶　鈔本　一本

文〇九〇

寰宇訪碑録十二卷 孫星衍 刊誤一卷 羅振玉 槐廬刊本 二本

補寰宇訪碑録五卷失編一卷 趙之謙 刊誤一卷 羅振玉 槐廬刊本

二本

再續寰宇訪碑録二卷 羅振玉 鉛本 二本

又一部 石印本 二本

漢石存目二卷附周秦魏晋石存目 王懿榮 一本

又一部 一本

竹崦庵金石目五卷 趙魏 仁和吴氏刊本 五本

陶齋藏石目一卷 端方 排印本 一本

集古録十卷 宋欧陽修 四當堂刊本 二本

金石錄三十卷　宋趙明誠　雅雨堂刊本　六本

金石文字跋尾六卷　朱彝尊　二本

潛研堂金石文跋尾六卷續七卷又六卷又六卷目錄八卷　錢大昕　原刊本　六本

竹雲題跋四卷　王澍　附金粟道人逸事一卷　二本

又一部　四本

授堂金石文字續跋十四卷　武億　黃小松藏書　三本

古墨齋金石跋六卷涇川金石記一卷　趙紹祖　貴池劉氏刊本

三本

香南精舍金石記　不分卷　崇恩　石印本　二本

之一　九上

退庵題跋二卷　梁章鉅　一本

又一部　一本

愛吾廬題跋一卷　吕世宜　二本

宜禄堂收藏金石記六卷　朱士端　二本

績語堂題跋一卷附詩存一卷文存一卷　魏錫曾　一本

壬癸金石跋附晦明軒稿一卷　一本

又一部　一本

獨笑齋金石考略四卷　鄭業斆　二本

九鐘精舍金石跋尾一卷　吴士鑑　一本

語石十卷　葉昌熾　四本

又一部 四本

漢碑徵經一卷 朱百度 廣雅書局本 一本

又一部 一本

漢碑經義輯略二卷 湻于洪恩 二本

又一部 一本

金石例十卷 元潘昂霄 雅雨堂本 四本

金石例十卷墓銘舉例四卷 王行 金石要例一卷 黃宗羲 四本

漢石例六卷 劉寶楠 誌銘廣例二卷 梁玉繩 金石例補二卷 郭麐 四本

歷代石經考略二卷 桂馥 一本

又一部 一本

漢石經殘字一卷 黃小松刊本 一本

熹平石經殘字一卷 陳刻石印本 一本

三體石經遺字考 孫星衍 一本

蜀石經殘字 三山陳氏宗刊本 一本

石經考文提要十三卷 二本

儀礼石經校勘記四卷 阮元 一本

石經彙函四十五卷 蜀刻本 十二本

石經考一卷 顧炎武 石經考異二卷 杭世駿 漢

石经殘字考一卷 翁方綱　魏三體石经殘字考一卷
孫星衍　唐石经校文十卷 嚴可均　後蜀毛詩石
经殘本一卷 王昶　北宋汴學二體石经記一卷 丁晏
石經考文提要十三卷 彭元瑞　石经補考十一卷 馮
登府　儀礼石经校勘記四卷 阮元
齊侯罍銘通釋二卷 陳慶鏞 一燈書舍刊本　二本
焦山鼎銘考一卷 翁方綱　一本
又一部　一本
漢建安弩機考一卷 吳雲　一本
石鼓題詠會存　一本

沙南侯獲刻石釋文一卷　張之洞　一本

漢華山碑考四卷　阮元　家刊本　一本

天發神讖碑考一卷　德人佛蘭克　吳玉搢　一本

沮渠安周碑考一卷　鄭文焯　德人佛蘭克　一本

高麗好大王碑釋文一卷　鄭文焯　一本

瘞鶴銘考補　翁方綱　山樵書外記　張開福　溧陽端氏刊本　一本

補瘞鶴銘考二卷　汪鋆　一本

又一部　一本

唐太宗屏風書釋文一卷　日本小島知足　一本

唐景教碑頌正詮一卷　明教士陽瑪諾　一本

唐楚州石柱題名考一卷　范以煦　一本

石塔碑刻記一卷　龔景瀚　一本

卜硯集二卷　一本

燕澤碑考一卷　日本藤塚知明　一本

重刻金石圖說四卷　朱運震說　褚峻図　劉世珩補　貴池劉氏刊本　四本

求古精舍金石圖　不分卷　陳經　家刊本　二本

金石契六卷　張燕昌　原刊本　四本

又一部　貴池劉氏刊本　四本

金石苑　不分卷　馮承輝　家刊本　一本

金石屑　不分卷　鮑昌熙　家刊本　四本

文四九四

清儀閣金石文拓本　石印本　二本

小蓬萊閣金石文字　黄易　原刊本　七本

又一部　楊氏刊本　七本

隨軒金石文字　徐渭仁　四本

又一部　四本

望堂金石文字　不分卷　楊守敬　八本

蛻南華古編五卷　周懋琦　劉瀚　二本

陳刻漢華山廟碑　一本

宋拓夏承碑鉤本　一本

金石峪鉤本六卷　楊守敬　六本

匡喆刻經頌十二卷 雙鈎本 六本

孟法師碑鈎本 一本

温彥博碑鈎本 一本

附校碑隨録 方若 一本

蘭亭考十二卷 宋桑世昌 知不足齋本 三本

蘇米齋蘭亭考八卷 翁方綱 二本

閣帖釋文十卷 羅森 二本

淳化閣帖釋文十卷 朱家標 一本

閣帖考正十卷 王澍 沈斈舟寫刻本 六本

又一部 天都汪氏刊本 四本

之廿九四

湻化祖帖考一卷　盧登焯　一本

欽定重刻湻化閣帖十卷　武英殿聚珍板本　二本

閣帖跋語一卷　翁方綱　鈔本　一本

石刻鋪叙二卷　宋曾宏父　鈔本　一本

石渠寶笈法帖釋文十六卷　陳焯　石印本　四本

歷代千字文彙考一卷　王開沃　一本

集古印譜六卷　明王常　明朱印本　六本

俞氏印藪四卷　明俞彦　明朱印本　一本

稽古齋印譜八卷　吳觀均　四本

漢銅印叢十二卷　汪啓淑　十二本

聽颿樓印譜 不分卷 四本

古印集冊 一本

又一冊 一本

銅鼓書堂藏印 查礼 四本

吉金齋印譜 潘有為 八本

又一部 十二本

清儀閣古印偶存 張廷濟 六本

雙虞壺齋印存 吳式芬 八本

二百蘭亭齋印譜 吳雲 十二本

又一部 八本

二百蘭亭齋古印攷藏六卷　吳雲　四本

十六金符齋印存　吳大澂　三本

共墨齋藏古鉨印譜　周銑詒　鑾詒　八本

齊魯古印攈四卷續一卷　高慶齡　五本

續齊魯古印攈　濰縣郭氏　十六本

古印偶存　王石經　六本

瞻麓齋古印徵　龔心釗　八本

古印集存　崔鴻図　四本

古印集略　一本

觀自得齋漢銅印叢　徐　四本

鏧室所藏鉨印　八本

又續　四本

埋麝發香　日本穗井田　一本

古今印則二卷　明程遠　附印旨　二本

高鏡亭印譜　墨印本　二本

古蝸篆居印述四卷　程芝華摹　二本

觀自得齋印集　趙之謙　二本

趙撝叔印譜　二本

印典八卷　朱象賢　四本

兩罍軒印考漫存九卷　吳雲　四本

繆篆分韻五卷補一卷　桂馥　二本

漢印分韻二卷　袁日省　續二卷　謝景卿　四本

封泥考略十卷　吳式芬　石印本　十本

泉氏十五卷　宋洪遵　附譜雙五卷　洪氏刊本　二本

貨幣文字考四卷　馬昂　劉燕庭藏書　金山錢氏刊本　四本

錢幣圖說六卷　吳文炳　二本

癖談六卷　蔡雲　附清白士集校補　二本

古金待問錄五卷　朱楓　原刊本　二本

又一部　覆刻刊本　二本

吉金所見錄十七卷　初尚齡　四本

錢志新編二十卷　張崇懿　二本
選青小箋十卷　許元愷　四本
泉幣彙考十六卷　唐與崑　六本
古泉叢話三卷　戴熙　二本
觀古閣叢刻十二卷　八本
虞夏贖金釋文一卷　劉師陸　觀古閣泉說一卷
鮑康　續泉說一卷　李佐賢　觀古閣叢稿二卷
鮑康　觀古閣続稿一卷　同　又三編二卷　同　論
泉絕句二卷　劉喜海　大泉圖録一卷　鮑康　海東
金石苑跋尾一卷　劉喜海

古泉雜詠四卷　葉德輝　二本

兩罍軒藏泉拓本　四本

日本寬永錢譜二卷　日本刊本　二本

日本國家金銀錢譜　青木敦書　鈔本　一本

金銀圖録六卷附一卷　日本近藤守重　七本

洋貨圖録一卷　日本刊本　一本

鐵雲藏陶　劉鶚　附泥封　四本

千甓亭專録六卷　陸心源　二本

又一部　一本

豐宮瓦當文考一卷　錢東垣　一本

秦漢瓦當文字二卷續一卷　程敦　三本

竹里秦漢瓦當文存　王福田　二本

古玉圖譜一百卷　宋龍大淵　康山草堂刊本　十本

古玉図考　吴大澂　二本

鐵雲藏龜　劉鶚　六本

日本古刀銘　日本刊本　二本

百萬小塔肆考　日本平子鐸嶺　一本

又一部　一本

墨池編十二卷　宋朱長文　附朱象賢印典八卷　八本

東觀餘論二卷　宋黄伯思　邵武徐氏刊本　二本

鐵函齋書跋四卷	楊賓	二本
大瓢偶筆八卷	楊賓	四本
快雨堂題跋八卷	王文治	二本
清儀閣題跋	不分卷　張廷濟	四本
枕經堂金石書畫題跋三卷	方朔	一本
好古小録二卷	日本藤原貞幹　日本刊本	三本
考古略説	日本譯本	一本
金石學録四卷	李遇孫	一本
又一部		一本
金石叢書	槐廬刊本	四十本

學古齋金石叢書 三十本

集古十種 日本廣瀨典 六十一本

右共八三百二十八部千八百五十七卷一千〇八十一本

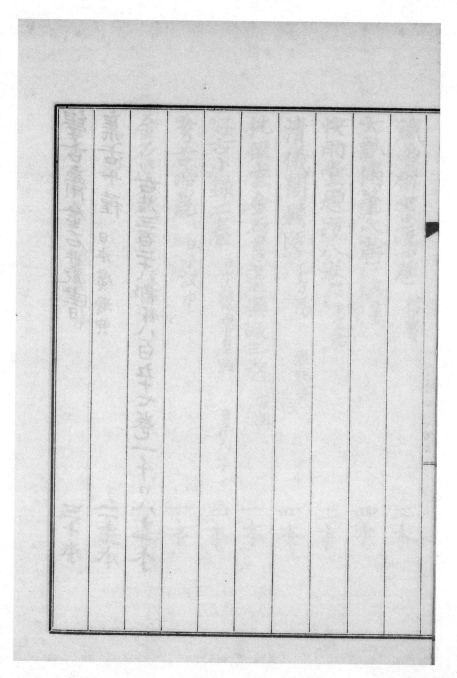

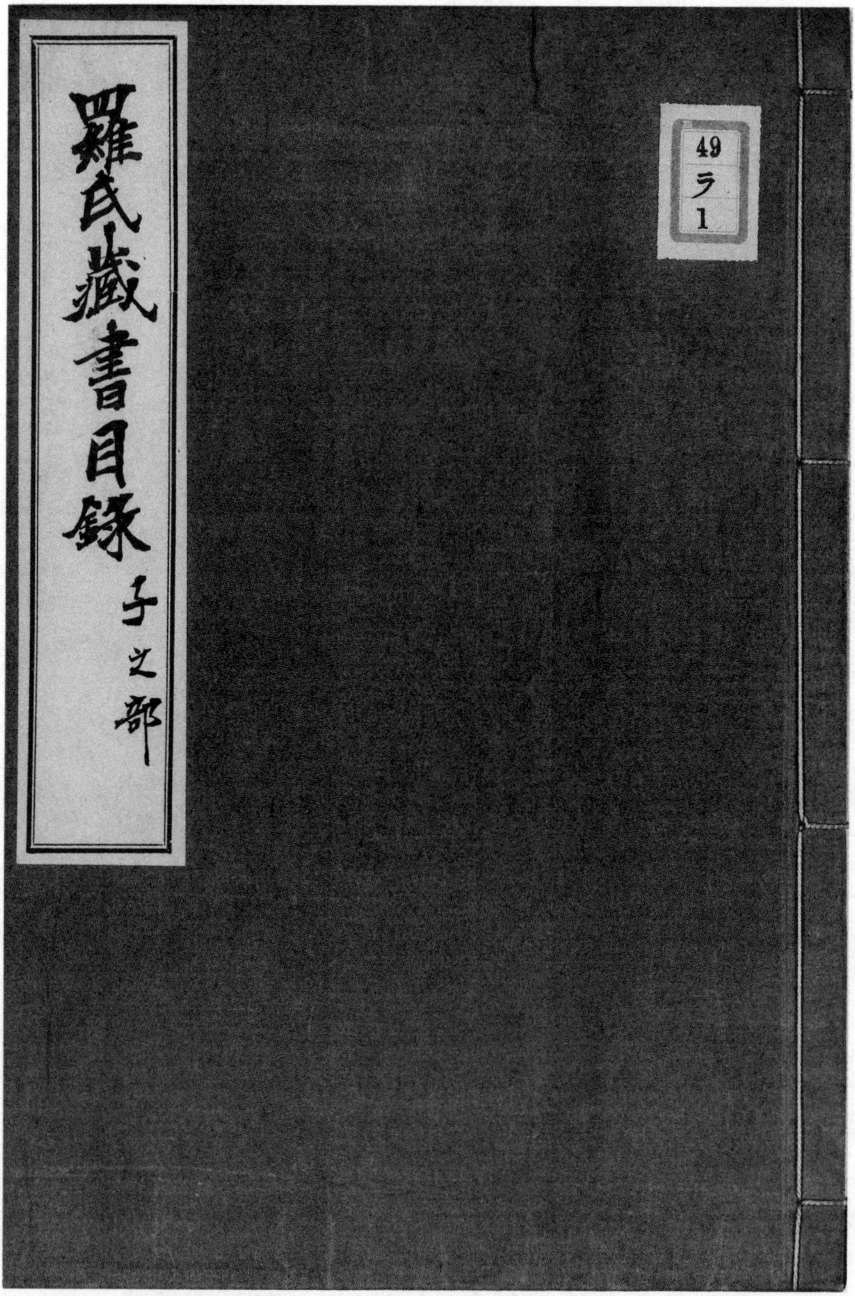
羅氏藏書目錄 子之部
49
ラ
1

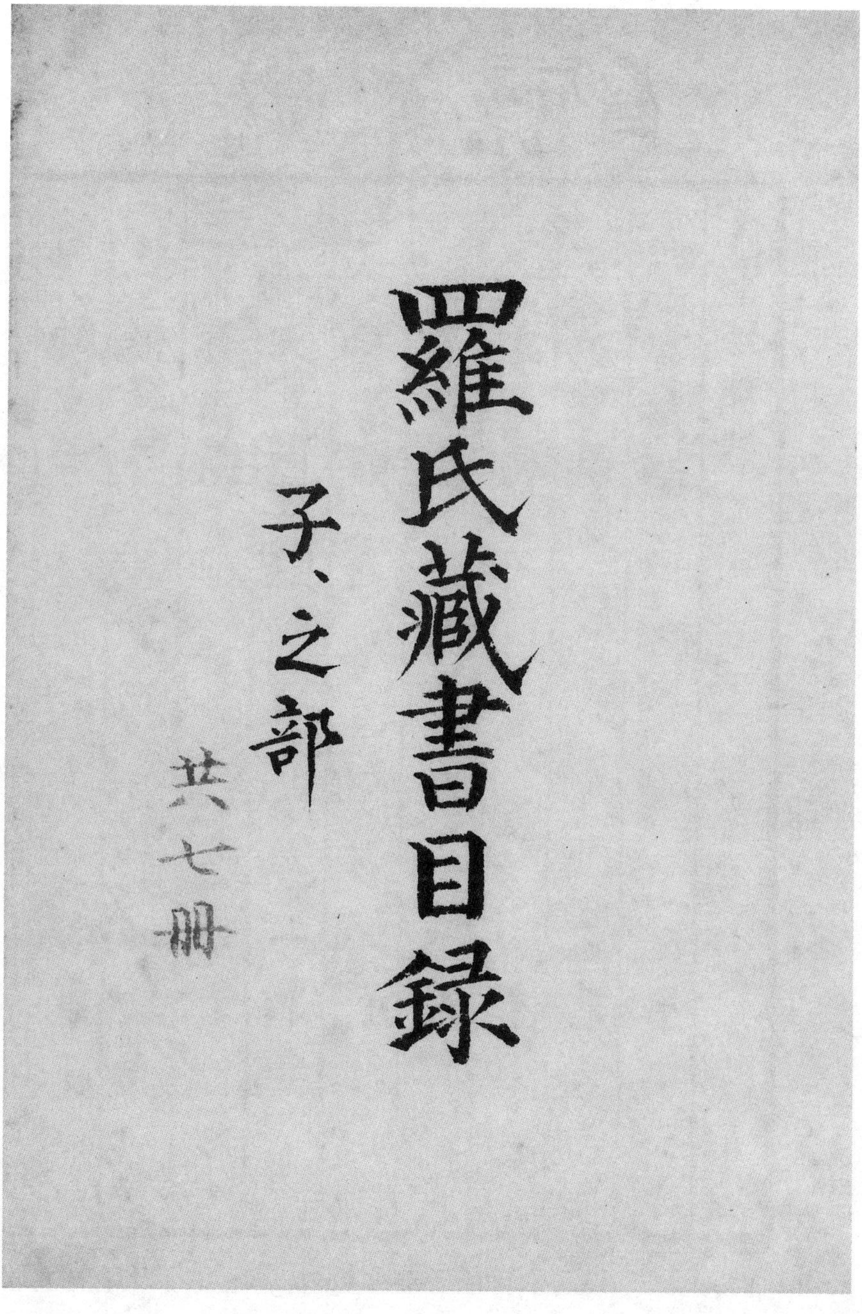
羅氏藏書目録

子之部

共七册

子部 并附録

子部

儒家類

孔子家語十卷　魏王肅注　貴池劉氏影宋蜀大字本　四本

又一部　石印仿宋本　五本

又一部　日本寛永刊本　五本

家語疏證六卷　孫志祖　二本

荀子二十卷　唐楊　註　嘉善謝氏刊本　四本

又一部　日本翻刊世德堂本　十本

荀子增註二十卷補遺一卷　日本久保愛　日本刊本　十一本

孔叢子七卷　海昌陳氏仿宋巾箱本　七本

二

賈子次詁十六卷　王耕心　原刊本　二本
春秋繁露十七卷　漢董仲舒　淮南書局刊本　二本
鹽鐵論十卷附校勘小識一卷　漢桓寬　思賢講舍刊本　二本
又一部　廣百川學海本　二本
揚子法言十三卷　漢揚雄　江都秦氏翻宋治平本　一本
又一部　二本
揚子法言十卷　日本刊本　六本
潛夫論十卷　漢王符　汪繼培　思賢講舍刊本　四本
文中子中説十卷　隋王通　明刊本　四本
帝範二卷　唐太宗　日本刊本　二本

臣範二卷　同　二本

周子全書六卷　宋周　頤　明刊本　二本

迂書一卷　宋司馬光　日本刊本　一本

家範十卷　宋司馬光　二本

童蒙訓三卷　宋呂本中　日本刊本　一本

胡子知言八卷　宋胡宏　二本

東宮勸讀録二卷　宋楊萬里　日本刊本　二本

又一部　二本

近思録集注十四卷家攷訂朱子世家一卷校勘記一卷　四本

江永

二

近思録發明十四卷　施璜　四本

伊洛淵源録十四卷　日本刊本　四本

小學集解六卷　張伯行　三本

朱子語類一百四十卷　四十八本

朱子全書六十六卷　康熙御纂　内府刊本　二十四本

朱子學的二卷　明邱濬輯　日本刊本　二本

袁氏世範三卷　宋袁采　一本

純正蒙求三卷　元胡炳文　一本

君鑑五十卷　明　帝御撰　日本刊本　十本

性理會通前集七十卷後集四十二卷　明刊本　二十本

讀書録十一卷續録四卷　明薛瑄　六本

又一部　續録十二卷　日本刊本　十二本

讀書録條貫十三卷續録十三卷　戴輯楫　三本

大學衍義輯要六卷衍義補輯要十二卷　陳宏謀　十二本

閨範圖說四卷　明呂坤　十二本

四禮翼八卷　明呂坤　一本

訓蒙大意十卷　明孫三錫　怡邸藏書　明崇禎刊本　四本

闢邪集二卷　明鍾始聲　日本刊本　二本

六諭衍義一卷　范鋐　日本刊本　一本

御纂性理精義十二卷　李光地等　四本

毋欺録二卷　朱用純　二本

洛學編四卷　湯斌　附續編一卷尹會一撰　一本

濂洛關閩性理集解四卷　張伯行　二本

讀書襍說十卷　李鎧　二本

篤素堂集鈔三卷　張英　一本

女學六卷　藍鼎元　附明呂得勝女小兒語一卷　二本

緒言三言　戴震　二本

敎童子法一卷　王筠　一本

漢儒通義七卷　陳澧　二本

理學庸言二卷　金錫齡　一本

國朝先正學規彙鈔不分卷　黄舒昺　二本
徂徠先生學則一卷附録一卷　日本物茂卿　一本
辨道一卷　日本物茂卿　一本
辨名二卷　日本物茂卿　二本
童子問三卷　日本伊藤維楨　三本
古今學變三卷　日本伊藤長胤　三本
王學提綱二卷　日本吉村晉　二本
正名緒言　日本菱賓大觀　二本
宋學源流質疑三卷　日本並木正韶　一本
通議三卷　日本賴襄　三本

下學邇言三卷　日本會沢安　三本

兵家類

魏武帝注孫子三卷　日本刊本　一本

孫子十家注十三卷遺釋一卷敘録一卷　孫星衍輯問經堂本　八本

孫子注五卷　明趙本學　日本刊本　四本

司馬法古注三卷音義一卷　曾元忠輯　一本

武經七書二十二卷 闕孫子 日本刊本 六本

武經七書直解十二卷 日本活字本 七本

酌古論二卷 宋陳亮 日本刊本 二本

虎鈐經二十卷 宋許洞 粵雅堂本 六本

草廬經略十二卷 明無名氏 粵雅堂本 六本

紀效新書十八卷 明戚繼光 闕十六十七兩卷 五本

戎政芻言一卷 陳階平 一本

守望新書一卷 錢泳 一本

讀史兵略四十七卷 胡林翼 十六本

手臂錄二卷 僧普恩 吴殳輯 一本

火器真訣解證一卷　沈善蒸　一本

法家類

管子二十四卷　仿宋刊本　四本

管子纂詁二十四卷　日本安井衡　日本刊本　十二本

韓非子二十卷　吳山尊　仿宋乾道本　六本

韓非子集解二十卷首一卷　王先慎　長沙刊本　六本

韓非子全書二十卷　日本藤沢南岳校疏　日本刊本　十本

棠陰比事一卷　宋桂萬榮　仿宋本　一本
棠陰比事三卷　元田澤校正　日本刊元本　三本
洗冤錄五卷　宋宋慈元新例附　平冤錄一卷　無撰人　無冤錄二卷
元王與　平津館刊本　六本
補注洗冤錄集證四卷附刊七卷　王又槐等　六本

農家類
齊民要術十卷　魏賈思勰　漸西村舍本　四本

六二

又一部　湖北局本　四本
又一部　日本刊本　五本
農書三十六卷　元王禎　缺前四卷　明嘉靖刊本　五本
農書二十二卷　武英殿聚珍版本　十本
農書三十六卷　閩聚珍版翻明本　六本
農桑輯要六卷　元司農司　漸西村舍本　三本
農政全書六十卷　明徐光啓　明刊本　四十本
又一部　國朝刊本　二十本
欽定授時通考七十八卷　內府刊本　三十二本
補農書二卷　張履祥　楊園全集本　二本

豐豫莊本書一卷　潘曾沂　一本
蠶桑輯要一卷　沈秉成　一本
蚕桑簡明輯說一卷　黄世本　一本
廣蚕桑說輯補二卷　沈練　一本
蚕桑會粹一卷　何品玉　一本
蚕桑備要一卷附利図說　劉青藜　一本
蠶桑易知録　姚覲光　區田編加注一卷　郝聯薇　樗繭譜一卷
鄭珍　一本
蚕桑萃編十六卷　徐樹銘　八本
救荒活民書十二卷　宋董煟　元張光大等　四本

荒政便覽二卷 蔣廷皐 一本

救荒百策一卷 一本

救荒野譜一卷 明王磐 補遺一卷 姚可成 一本

救荒本草十四卷 明徐元啓輯 附救荒野譜二卷 日本刊本 八本

捕蝗要說一卷 錢忻和 一本

農圃六書六卷 明周之璵 ~~明刊本~~ 六本

廣群芳譜一百卷 康熙奉敕撰 四十本

花木小志一卷 謝堃 一本

百品考二卷二編二卷三編二卷 日本汪洋翁 六本

醫家類

重廣補注黄帝内經素問二十四卷校訛一卷 唐王　注 日本仿宋本 九本

又一部二十四卷 日本刊本 十四本

内經二十四卷素問遺篇一卷靈樞十二卷 浙江局本 十本

内經素問校議一卷 胡澍 一本

素問評一卷 日本物茂卿 日本刊本 一本

素問識八卷 日本丹波元簡 日本刊本 十本

八

新校宋板傷寒論十卷　日本刊本　一本

註解傷寒論十卷　金成無己　日本仿元刊本　三本

又一部　三本

傷寒論辨正八卷　日本中西惟忠　仿元刊本　七本

補正輯光傷寒論二卷　日本東洞吉益　一本

傷寒啓微三卷　日本片倉元周　三本

傷寒論述義五卷補一卷　日本丹波元堅　二本

傷寒辨術一卷　日本淺田惟常　一本

脈經十卷　晉王叔和　医統本　二本

玉函經三卷　唐杜光庭　日本鈔本　一本

肘後百一方八卷　晉葛洪梁陶　日本刊本　六本

巢氏論病源候総論四十五卷　隋巢元方　日本刊本　九本

千金翼方三十卷目一卷　唐孫思邈　日本景元大德本　十二本

外臺秘要方四十卷　唐王燾　日本刊本　二十四本

醫心方三十卷　日本丹波宿禰康賴　日本刊本　三十本

經效產寶三卷　唐昝殷　續編一卷　仿宋本　一本

蘇沈良方拾遺二卷校勘記一卷　閩聚珍本　一本

本事方十卷　宋許叔微　四本

嚴氏濟生方十卷　宋嚴用和　日本刊本　四本

錢氏小兒藥證直訣三卷　宋錢乙　附方二卷　宋閻忠孝彙級

三本

易簡方　宋王碩　日本仿宋本　一本

鍼灸圖經五卷　宋王惟一　景金刊本　二本

備急灸法一卷　宋聞人耆年　附鍼灸擇日編集　上虞羅氏刊本

二本

儒門事親十五卷　金張子和　日本刊本　五本

丹溪心法附餘二十四卷　元朱震亨　十四本

又一部　十本

格致餘論一卷　元朱彥修　一本

泰定養生主論一卷　元王中陽　日本刊本　一本

醫學正傳八卷　明虞摶　日本刊本　八本

萬病回春集八卷　明龔廷賢　日本刊本　八本

攝生衆妙方十一卷附急救良方二卷　明張時徹　明刊本　五本

類經三十二卷類經圖翼十一卷附翼四卷　明張介賓　廿二十四本

急救易方二卷　日本翻明廣西官刊本　二本

覆載萬安方六十二卷　闕卷一卷　四卷　八卷　十二　十八及二十以下　日本性全集　日本鈔本　十八本

有林田悲林回方卷十三　日本無名氏　日本鈔本　一本

東醫寶鑑二十五卷　二十五本

一〇

沈氏尊生書六十八卷 沈金鰲 二十六本

産孕集二卷 張曜孫 一本

銀海精微四卷 周亮節 二本

醫原二卷 石壽棠 二本

兒科醒十二卷 二本

溫熱經緯五卷 王士雄 四本

醫宗備要三卷 曾鼎 一本

醫醇賸義四卷 費伯雄 四本

醫故二卷 鄭文焯 二本

扁鵲倉公傳一卷附彙考三卷 傳影宋本 彙考日本丹波元簡撰 四本

蘭軒遺稿一卷　日本伊沢信恬　一本

診病奇侅二卷　日本丹波元簡　二本

治瘟篇二卷　日本浅田惟常　二本

唐卷子新修本草殘本十一卷　唐李勣籑喜廬本　十一本

神農本草經四卷考異一卷　日本森立校輯　三本

經史證類大觀本草三十一卷　二十一本

本草經疏三十卷　明繆希雍　十二本

本草三家合注六卷　郭汝聰集　六本

本草述三十二卷　劉若金　二十本　缺第十本

本草和名二卷　日本深江輔仁　二本

二二

古方藥品考五卷 日本内藤尚賢 五本

天算術數類

周髀算經二卷音義一卷附數術記遺一卷 津逮秘書本 一本

天元歷理全書十卷 徐發 十本

圜天圖説三卷續編二卷 李明徹 五本

星土釋二卷 李林松 一本

五経算術疏義二卷　劉嶽雲　二本
古籌算考釋六卷　勞乃宣　六本
四元消法易簡草十卷　陳　五本
測地膚言一卷　陶葆廉　一本
太玄集注四卷　孫澍　三本
元包經傳五卷　後周衛元嵩述唐蘇源明傳李江注　元包數總義二卷　張行成　學津討原本　一本
瑞應圖記一卷　梁孫柔之葉德輝輯　一本
五行大義五卷　隋蕭吉　日本刊本　五本
開元占經一百二十卷　唐瞿曇悉達　十二本

衍範十卷　明錢一本　明刊本　弍本

戎事類占二十一卷　明李克家　明刊本　八本

協紀辨方書三十六卷　乾隆敕撰　官本　十六本

命度盤説三卷　陶淑宇　三本

六壬総要二十四卷　闕前三卷　舊鈔本　四本

字觸六卷　周亮工　粵雅堂本

藝術類

德隅齋畫品一卷 宋李廌 鈔本 一本

廣川畫跋六卷 宋董逌 二本

雲烟過眼録二卷 宋周密 十萬卷樓刊本 一本

鐵網珊瑚十六卷 明朱存理 明刊本 八本

清河書畫舫十二卷 明張丑 附鑑古百一詩一卷 十二本

寶繪録二十卷 明張泰階 清秘藏二卷 明張丑 南陽書畫表四卷真跡日録三集一卷 十本

庚子消夏記八卷 孫承澤 原刊本 四本

又一部 覆刊本 四本

庚子消夏記校文一卷 何焯 鈔本 一本

好古堂書畫記二卷 姚際恒 日本刊本 二本
江村銷夏録三卷 高士奇 六本
墨緣彙觀四卷 松泉老人 四本
平津館鑒書畫記一卷 孫星衍 二本
吴越所見書畫録六卷書畫説鈴一卷 陸時化 六本
辛丑銷夏記五卷 吴榮光 四本
紅豆書館書畫記八卷 陶樑 六本
書畫鑑影二十四卷 李佐賢 八本
夢園書畫録二十五卷 方濬頤 十本
澄復齋書畫緣録一卷 金鳳青 一本

桐園臥遊録一卷　金鳳清　二本

穰梨館書畫過眼録四十卷續録十六卷　陸心源　二十本

過雲樓書畫記十卷　顧文彬　四本

古緣萃録十八卷　邵松年　六本

甌鉢羅室書畫過眼考四卷附録一卷　李玉棻　四本

圖繪寶鑑四卷　元夏文彥　一本

佩文齋書畫譜一百卷　康熙敕撰　石印本　十六本

無聲詩史七卷　姜紹書　三本

國朝畫徵録三卷續録三卷　張庚　二本

國朝畫識十七卷墨香居畫識十卷　馮金伯　十二本

國朝書畫名家考略四卷　晏棣　二本
墨緣小録一卷　潘曾瑩　一本
畫史彙傳七十二卷附録二卷　彭藴璨　二十四本
玉臺畫史五卷　湯漱玉　二本
桐陰論畫二卷畫訣一卷　秦祖永　二本
畫禪室隨筆四卷　明董其昌　二本
圖畫精意識一卷　張庚　一本
論畫絶句一卷　吴修　一本
無益有益齋論畫詩二卷　李葆恂　一本
秋澗題跋一卷　惲極　一本

南田畫跋一卷 惲格 一本

清湘老人題記一卷 汪鋆輯 一本

賜硯齋題畫偶録一卷 戴熙 一本

畫耕偶録四卷 邵梅臣 四本

書畫跋三卷續三卷 明孫鑛 四本

竹雲題跋四卷虛舟題跋十卷 王澍 四本

芳堅館題跋四卷 郭尚先 二本

玄鈔類摘六卷 明徐渭 日本刊本 五本

内閣秘傳字府四卷 明無名氏 日本刊本 二本

漢溪書法通解八卷 戈守智 四本

書學南鍼六卷　錢湘　四本

藝舟雙楫四卷　包世臣　二本

又一部　一本

廣藝舟雙楫六卷　康有為　二本

論書三十首一卷　日本日下部鳴鶴　一本

譜録類

新增格古要論十三卷　明曹昭　五本

格古論要五卷　明曹昭　格致叢書本　六本

鉄網珊瑚二十卷　題明都穆　十二本

又一部　六本

遇(過)眼餘唱一卷　日本山田鈍　一本

天工開物十八卷　明宋應星　日本刊本　九本

考槃餘事四卷　明屠隆　日本刊本　四本

閒情偶寄十六卷　李漁　六本

梅花喜神譜二卷　宋宋伯仁　仿宋本　一本

小山畫譜二卷　鄒一桂　一本

雪湖梅譜二卷　明劉世儒　題詠二卷　王思任輯　明刊本　二本

一六

晚笑堂畫傳　上官周輯　四本
紅樓夢圖詠四卷　改琦　四本
紉齋畫賸　陳允升　四本
辨帖箋一卷　明屠隆　日本鈔本　一本
宣德鼎彝譜八卷　明呂震等　排印本　二本
琴粹四卷　楊宗稷　一本
硯箋四卷　宋高似孫　墨經一卷　宋晁説之　日本刊本　一本
墨法集要一卷　明沈继孫　一本
寶硯堂硯辨一卷　何傳瑶　一本
香乘二十八卷　明周嘉胄　康熙刊本　四本

香志一卷 日本畫信（大枝流芳） 日本刊本 一本

河工器具圖說四卷 麟慶 二本

陶說六卷 朱琰 鈔本 四本

介翁茶史二卷 劉源長 補一卷 余懷 日本刊本 二本

士那補釋一卷 張義澍 一本

蘭言說（述）略四卷 袁世俊 一本

檇李譜一卷 王逢辰 一本

人參考一卷 日本加藤順 日本刊本 一本

鯨志一卷 日本犀崎（梶取）屋次右工門 一本

麑海魚譜二卷 日本渡辺千秋 二本

一七

麀韋麀射考六卷附録一卷 日本大森常範撰 二本

東大寺獻物帳一卷 一本

雜家類

晏子春秋七卷 思賢講舍刊本 二本

墨子閒詁十五卷目録一卷附録一卷後語二卷 孫詒讓 八本

墨子經説解一卷 張惠言 石印本 一本

子華子二卷 日本刊本 二本

淮南子二十一卷 漢高誘注 明汪一鸞校刊本 唐鷦安藏書 四本

又一部 明刊本 六本

淮南鴻烈閒詁二卷 葉德輝 一本

淮南鴻烈解 日本刊本 十本

淮南萬畢術二卷 葉德輝輯 一本

又一部 一本

傅子三卷 晋傅玄 葉德輝輯 一本

化書六卷 南唐譚峭 秘笈本 一本

叔苴子内篇六卷外編二卷 明莊元臣 四本

繹志十九卷　明胡承諾　四本
約書十二卷　謝浩樹　四本
白虎通二卷　鈔本　二本
白虎通疏證十二卷　陳立　淮南局本　六本
獨斷二卷　後　蔡邕　抱經堂刊本　一本
鄭志三卷附錄一卷附鄭司農集一卷　日本刊本　二本
古今注校三卷　顧震福　一本
匡謬正俗八卷　唐顏師古　雅雨堂本　一本
兼明書五卷　唐邱光庭　二本
甕牖閒評八卷　宋袁文　武英殿聚珍版本　二本

困學紀聞二十卷　宋王應麟　汪廷堅校刊本　六本

校訂困學紀聞集證二十卷　屠繼序　十二本

日知録集釋三十二卷刊誤二卷續刊誤二卷　黄汝成　十六本

蒿庵閒話二卷　張爾岐　二本

湛園札記四卷　姜宸英　二本

義門讀書記五十八卷　何焯　十六本

南江札記五卷　邵晉涵　一本

鍾山札記四卷龍城札記三卷　盧文弨　抱經堂本　一本

陔餘叢考四十三卷　趙翼　袁子才藏書　五本

一九

援鶉堂筆記五十卷刊誤一卷　姚範　十二本

十駕齋養新録二十卷餘録三卷附年譜二卷　錢大昕　八本

二初齋讀書記十卷　倪思寬　二本

札樸十卷　桂馥　五本

札樸十卷　桂馥　十本

通俗編三十八卷　翟灝　十本

曉讀書齋雜録八卷　洪亮吉　二本

癸巳類稿十五卷存稿十五卷　俞正燮　十二本

娛親雅言六卷　嚴元照　四本

讀書叢錄七卷　洪頤煊　一本

經史質疑錄一卷　張宗咸　一本

考辨隨筆二卷　黄定宜　一本

瑟榭叢談二卷　沈濤　一本

交翠軒筆記四卷　沈濤　二本

過庭錄十六卷　宋翔鳳　四本

讀書偶識。八卷　鄒漢勛　四本

東湖叢記六卷　蔣光煦　二本

東塾讀書記十五卷　陳澧　五本

顔氏家訓七卷考證一卷　北齊顔之推　長沙重刊宋本　二本

封氏聞見記十卷　唐封演　雅雨堂本　一本

文昌雜録六卷　宋龐元英　雅雨堂本　一本

夢溪筆談二十六卷補筆談三卷續筆談一卷　宋沈括　明馬氏刊本　六本

又一部　廣東刊本　四本

却掃編三卷　宋徐度　津逮本　附張庚（宋康）駢劇談録二卷　一本

鶴林玉露十八卷　宋羅大經　日本刊本　九本

草木子四卷　明葉子奇　二本

又一部　二本

傳疑録一卷　明陸深　堂本　一本

七修類稿五十一卷 明郎瑛 十六本
焦氏筆乘六卷續集八卷 明焦竑 明刊本 四本
五雜組十六卷 明謝肇淛 日本刊本 八本
玄覽八卷 明朱謀㙔 明刊本 一本
康熙幾暇格物編六卷 二本
池北偶談二十六卷 王士正 八本
居易録三十四卷 王士正 十六本
雕邱雜録八卷 梁清遠 四本
東城雜記二卷 厲鶚 一本
退庵隨筆二十二卷 梁章鉅 八本

雞窗叢話一卷 蔡澄 一本

蕙櫋札記一卷 嚴元照 一本

三餘偶筆十六卷 左暄 八本

南漘楛語八卷 蔣超伯 二本

鷗陂漁話六卷吹網録六卷 葉廷琯 六本

又一部 四本

茶香室四鈔二十九卷目録一卷 俞樾 八本

九九銷夏録十四卷 俞樾 四本

藝苑日涉十二卷 日本村瀨嘉右エ門 十二本

物理小識十二卷 方以智 高郵王氏藏書 六本

又一部 日本鈔本 五本

芻蕘奥論二卷 宋張方平 一本

新策正本六卷 日本賴襄 五本

今書一卷 日本蒲生秀實 一本

類書類

編珠四卷 隋杜公瞻 續編珠二卷 高士奇 二本

北堂書鈔一百六十卷 隋虞世南 廣州刊足本 二十本

藝文類聚一百卷　唐歐陽詢　嘉靖己酉山西重刊陸天　本　二十四本

初學記三十卷　唐徐堅　明嘉靖十三年晋藩刊本　缺卷四至卷九卷二十五六卷三十　九本

又一部　古香齋刊巾箱本　缺卷八卷九卷二十九卷三十　九本

琱玉集一卷　古佚叢書本　一本

太平御覽一千卷　宋李　等　鮑氏刊本　一百二十本

冊府元龜一千卷　宋王欽若等　三百二十本

事類賦三十卷　宋吳廾　廣事類賦　華希閔　無錫華氏刊本　十本

錦繡萬花谷殘本　明刊本　十本

事文類聚前六十卷後集五十卷續集二十八卷別集三十二卷

外集十五卷新集三十六卷　宋祝穆　四十本
書叙指南二十卷　宋任廣德　日本刊本　四本
玉海纂三十二卷　劉鴻訓纂　十六本
荊川先生右編四十卷　明唐順之　明刊本　三十二本
荊川先生武編前六卷後六卷　明唐順之　十二本
稗編一百二十卷　明唐順之　明刊本　四十本
天中記六十卷　明陳耀文　明刊本　六十本
唐類函二百卷　明俞　期　明刊本　八十本
群書備考六卷　明袁坤黄　續三卷　明袁儼　四本
廣博物志五十卷　明董斯張　三十二本

二三

事言要玄三十二卷　明唐希顔陳懋学　明刊本　三十本

事言要玄殘本　明唐希顔陳懋学　明刊本　十二本

御定淵鑑類函四百五十卷　石印本　十本

御定子史精華一百六十卷　内府刊本　四十八本

佩文韻府一百六卷　内府刊本　九十六本

格致鏡原一百卷　陳元龍　原刊本　三十二本

月令粹編二十四卷　秦嘉謨　六本

人壽金鑑二十二卷　程得齡　八本

居家必用事類二十卷　元無名氏　日本刊本　七本

金壁故事五卷　明鄭以偉　日本刊本　一本

小說家類

世說箋本二十卷　日本源𧩉輔　十本

世說訂正三卷　日本大江𢡟　二本

劇談錄二卷　唐康騈　一本

三水小牘二卷　唐皇甫權　抱經堂本　一本

摭言十五卷　唐王定保　雅雨堂本　二本

北夢瑣言二十卷　五代孫元憲　雅雨堂本　三本

涑水紀聞十六卷補遺　卷　宋司馬光　武昌局本　四本

湘山野録三卷續一卷　宋釈文　津逮本　一本

泊宅編十卷　宋方勺　読画齋本　一本

北窗炙輠録二卷　宋施彦輒 輙　同　一本

揮麈後録十一卷三録三卷餘話二卷　宋王明清　津逮本　四本

玉照新志五卷　宋王明清　學津本　一本

桯史十五卷附録一卷　宋岳珂　津逮本　三本

水東日記四十卷　明葉盛　国初刊本　八本

湧幢小品二十六卷　明朱国楨　明刊本　十本

陶庵夢憶八卷　張岱　二本

說部菁華十二卷	王士正	四本
寄園寄所寄十二卷	趙吉士	十二本
今世說八卷	王晫	二本
女世說四卷補遺一卷	李清	四本
此木軒襍著八卷	焦袁熹	四本
水曹清暇録十六卷	汪啓淑	五本
瀟湘聽雨録八卷	江昱	二本
籐陰雜記十二卷	戴璐	二本
定香亭筆談四卷	阮元	四本
小滄浪筆談四卷	阮元	二本

瀛洲筆談十二卷 阮亨 十二本
竹葉亭雜記八卷 姚元之 二本
童論文齋筆録 王端履 六本
吾廬筆談八卷 李佐賢 二本
蕉軒隨録十二卷 方濬師 十二本
旅譚四卷 汪瑔 二本
粟香二筆八卷 金武祥 四本
閒處光陰二卷 彭邦鼎 石印本 二本
止園筆談八卷 史夢蘭 四本
大東世語五卷 日本服元喬 二本

近聞寓筆四卷雜錄一卷　日本吉漢宦官　三本

太平廣記五百卷　四十八本

夷堅甲志二十卷乙志二十卷丙志二十卷丁志二十卷　宋洪邁

十萬卷樓刊本　十二本

三教搜神大全七卷　二本

扶風傳信錄一卷　吳騫輯　一本

續博物志十卷　宋李石　二本

湘烟小錄十六卷　明閔元京凌義渠　明刊本　六本

博笑珠璣六卷　明刊本　四本

二六

釋道類

大雲無想經殘卷　日本続藏經本　一本

大毗盧遮那成佛經疏　存卷一二　日本古刊本　二本

般若波羅蜜多心經略疏一卷　唐法藏　一本

維摩詰所說經三卷　一本

楞嚴玄義四卷　傳燈　支那本　二本

楞嚴經寶鏡疏十卷宝鏡疏懸談一卷科一卷　溥畹　十二本

無量清淨平等覺經四卷 二本

阿彌陀經二卷 二本

阿弥陀經衷論一卷 魏源王耕心 一本

仁王護國經二卷 一本

六祖法寶壇經一卷 一本

經海一滴六卷 六本

又一部 六本

成唯識論十卷 支那本 二本

止觀輔行訣四十卷 唐弘決 附 坐禪法要一卷 智顗 止觀義例二卷 湛然 大乘止觀法門四卷 三昧法門二卷 思大 十二本

辨正論九卷　唐法琳　五本
國清百録四卷　隋灌頂　日本活字本　四本
少室六門一卷　一本
南海寄歸内法傳四卷　唐義淨　日本刊本　二本
五燈會元二十卷　宋普濟　景宋刊本　十六本
又一部　明刊本　二十本
宗鏡録一百卷　雍正御製　二十本
宗鏡大綱二十卷　雍正御製　四本
又一部　四本
揀魔辨異録八卷　雍正御製　四本

安楽集二卷　唐道綽　日本古刊本　二本

輔教編六卷　宋契嵩　六本

龍舒淨土文四卷　宋王日休　明刊本　二本

呉山端禪師語録二卷　支那本　一本

天童覺和尚從容菴録三卷　明刊本　三本

中峯三時繫念儀範一卷自知録一卷長慶集一卷　明刊本

一本

因明入正理論後記六卷　呉樹虚　一本

千丈巖和尚語録三卷　日本刊本　三本

絶海録不分卷　日本僧俊成編　日本刊本　二本

釋迦如來成道記二卷　唐王勃撰　僧道誠注　日本刊本　一本

祕密漫荼羅教付法傳二卷　唐無名氏　日本活字本　二本

隆興佛教編年通論二十八卷　宋祖琇　日本刊本　十本

佛祖通載三十六卷　元念常　十二本

釋氏稽古略四卷　元覺岸　續集三卷　明大聞　五本

釋氏稽古略續集三卷　一本

三國佛教略史三卷　一本

高僧傳十三卷　梁慧皎　支那本　二本

續高僧傳四十卷　唐道宣　支那本　八本

宋高僧傳三十卷　宋贊寧　支那本　四本

僧史略三卷 同 日本刊本 一本

禪林僧寶傳三十卷補一卷 宋惠洪 三本

大慧普覺禪師年譜一卷 宋王汝霖 明刊本 二本

弘法大師正傳三卷附録一卷 日本高演 日本刊本 四本

悉曇字記一卷 唐智廣 日本刊本 一本

悉曇字記捷覽二卷 日本刊本 二本

悉曇八聲（轉）聲抄一卷 日本刊本 一本

略攝八轉義一卷輔攝八轉義一卷 法住 日本刊本 一本

釈氏要覽三卷 宋道誠 日本刊本 一本

翻譯名義集七卷 宋法雲 日本刊本 四本

二九

象教皮編六卷　明陳士元　明刊本　二本

出定後語二卷　日本富永仲基　日本刊本　二本

諸佛世尊如來菩薩尊者神僧名經一卷又歌曲一卷感應曲一卷　明永樂刊本　三本

佛像圖彙五卷　日本刊本　五本

日本國現報靈善惡靈異記三卷　日本景戒　考證三卷　狩谷望之　日本刊本　六本

佛國曆象編五卷　日本僧円通　日本刊本　五本

老子口義二卷　宋林希逸　明刊三子口義本　一本

老子章義二卷　姚鼐　一本

老子本義二卷 魏源 二本

老子證義二卷 高延第 一本

太上混元道德真經合解不分卷 一本

列子沖虛真經不分卷 明歸安閔氏刊本 一本

又一部 二本

列子八卷 唐盧重元注 王文敏藏書 江都秦氏刊本 二本

列子鬳齋口義二卷 宋林希逸 日本刊本 四本

莊子三卷 附莊子闕誤一卷 武昌局本 二本

南華真經注疏解經三十三卷 晉郭象注 唐成玄英疏 日本刊本 十三本

三〇

南華經解三卷　宣穎　三本

又一部　方敦吉　三本

莊子集釋十卷　郭慶藩思賢講舍刊本　缺卷三卷四　七本

南華真經正義不分卷識餘不分卷　陳壽昌　六本

真誥二十卷　梁陶宏景　明刊本　六本

周易參同契發揮三卷釋疑一卷　元俞琰　三本

子部附録

譯書類

海道圖説十五卷長江圖説一卷　十本

綖汯外集二十七卷　八本

泰西新史攬要節本八卷　二本

俄史輯譯　四本

俄國新志八卷　四本

法國新志八卷　四本

法國海軍職要　一本

日本海軍史二十五卷　三本

華盛頓傳八卷　八本
代數術二十五卷　六本
測地繪圖十二卷　四本
天文圖說四卷　一本
格物探原　三本
物理學上編四卷
化學源流論四卷　二本
化學鑑原二十四卷　十二本
又補編七卷　六本
萬國公法四卷　四本

東方交涉記十二卷	二本
英俄印度交涉書二卷	一本
支那教案論	一本
列國政要一百三十二卷	三十二本
内科新說二卷	一本
婦嬰新說一卷	一本
西醫略論三卷	一本
西医産科新法	一本
法律医學二十五卷	十本
全體通攷十八卷	十六本

農學初級　一本
農學理説二卷　二本
農務土質論三卷　三本
農務要書目録　一本
啤嚕國雀糞論　一本
開煤要法十二卷　二本
國政貿易相關書二卷　二本

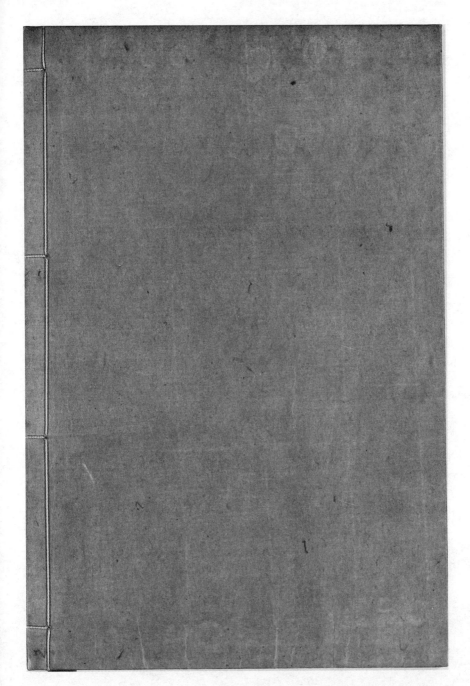

羅氏藏書目錄
集之部
49
ラ
1

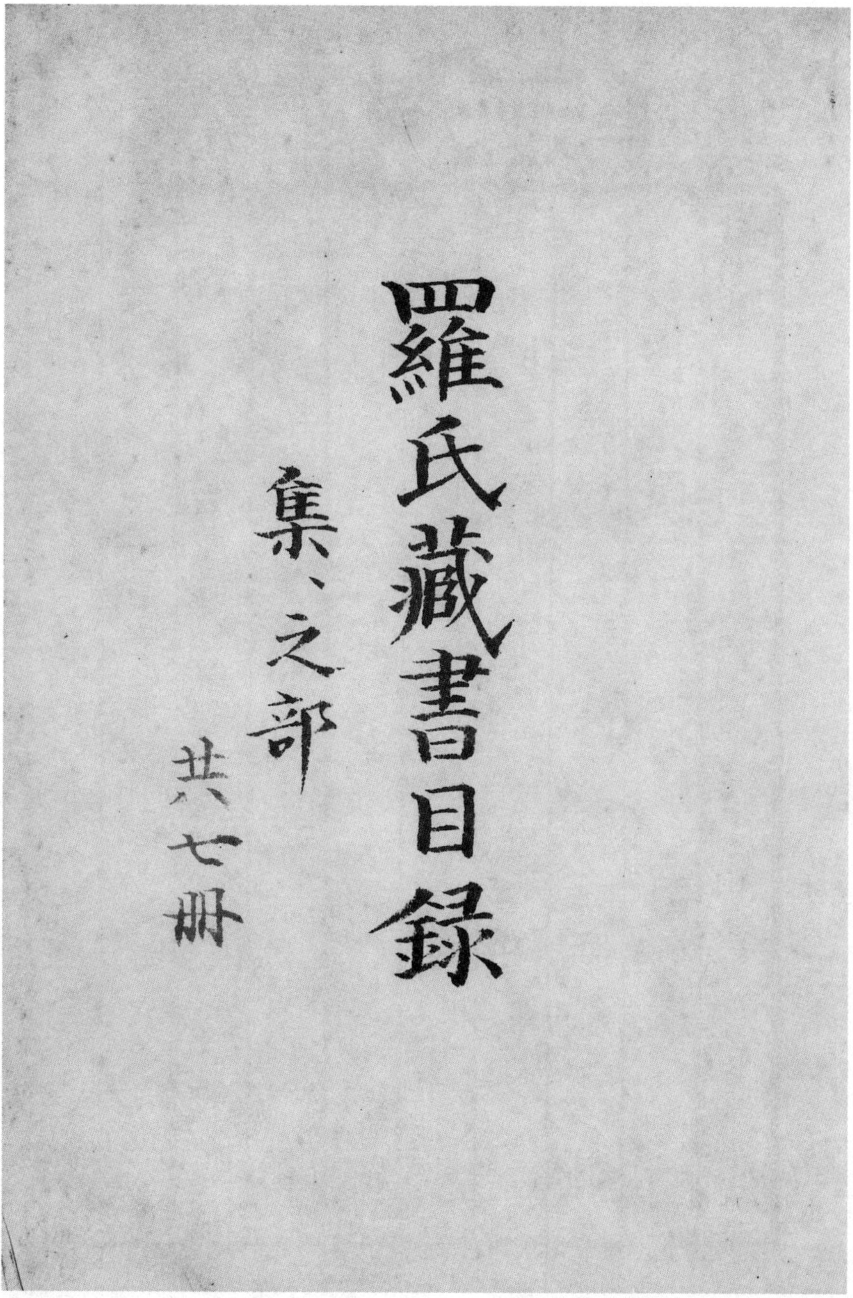
羅氏藏書目錄

集之部

共七册

集部

集部

别集類

蔡中郎集六卷　漢蔡邕　二本

諸葛忠武侯集十一卷　漢諸葛亮　四本

傅玄集三卷　葉德輝輯　一本

支遁集三卷　晋支遁　一本

陶淵明詩一卷　晋陶潛　仿宋本　一本

蘇書陶淵明文集十卷　三本

陶靖節集十卷　日本翻明本　四本

靖節先生集注十卷附録一卷年譜考異二卷　陶澍

		四本
江文通集十卷	江淹	一本
徐孝穆全集六卷	陳徐陵 吳兆宜註 原刊本	二本
庾子山全集十卷	吳兆宜註 原刊本	五本
王無功集六卷		一本
大唐三藏玄奘法師表啓一卷	景印本	一本
王子安集註二十一卷	蔣清翊	六本
楊盈川集十卷附録一卷	唐楊炯 明刻本	二本
靈隱子六卷	唐駱賓王 梁茝林蔣香生藏書	六本
陳伯玉文集五卷附録一卷傳一卷	唐陳子昂	四本

李翰林集十卷　唐李白　四本

李太白文集三十卷　明初刊本嘉慶翻刻　繆氏仿宋本　六本

草堂詩箋二十二卷詩話二卷年譜二卷　宋蔡夢弼　六本

又一部　五本

杜詩註解二十卷　張溍　十二本

又一部　十二本

杜工部集二十卷　王勾草堂刊小字本　十本

王右丞詩集六卷　明顧可久註　日本刊本　三本

王右丞集三十卷　趙殿成注　八本

顏魯公文集十五卷　明刊本　四本

二

不空表制集六卷　日本排印本　一本

毘陵集二十卷附録一卷補遺一卷本　唐独孤及　日本覆趙氏本　五本

昌黎先生集四十卷外集十卷遺文一卷集傳一卷點勘四卷　唐韓愈　江蘇局本　十一本

昌黎先生集四十卷遺文一卷　廣州刊本　六本

韓詩增註正訛十一卷　顧嗣立　黄鉞　四本

柳河東集四十五卷附録一卷外集五卷　唐柳宗元　明蔣之翹注　十二本

柳柳州外集一卷附録一卷　仿宋本　一本

顧華陽集二卷補遺一卷　唐顧況　二本

元氏長慶集六十卷補遺六卷　唐元稹　明刊本　四本

白氏長慶集七十一卷　唐白居易　明刊本　十本

白香山詩集長慶集二十卷後集十七卷別集一卷補遺二卷年譜二卷　唐白居易　天　汪氏原刊初印本　十本

白氏諷諫一卷　唐白居易　景宋本　一本

李文公集十八卷補遺一卷附録一卷　唐李翺　四本

又一部　日本刊本　四本

李長吉歌詩四卷外集一卷卷首一卷　王琦注　四本

李衛公文集二十卷別集十卷外集四卷補遺一卷　唐李德裕　陸氏仿宋本

六本

樊川詩集四卷外集一卷　馮集梧注　四本

又一部　四本

溫飛卿詩集七卷　顧嗣成注　秀野山房原刊本　二本

李商隱詩集三卷　石印錢牧齋寫校本　二本

李義山詩集箋注三卷詩話一卷年譜一卷　朱鶴齡　程夢星

四本

李義山文集十卷　徐樹穀徐炯箋注　五本

李義山詩集十三卷　姚培謙箋注　六本

玉溪生詩詳註三卷年譜一卷詩話一卷文集詳註八卷

馮浩　八本

樊南文集補編十二卷附録一卷　錢振倫錢振常箋注　四本

又一部　四本

笠澤叢書四卷補遺二卷　唐陸龜蒙　二本

又一部　無補遺　淮南宣氏刊本　二本

香奩集發微一卷韓承旨年譜一卷　震鈞　一本

豐溪存稿一卷　唐呂從慶　一本

黃御史集二卷別録一卷　唐黃滔　福山王氏刊本　二本

麟角集一卷附省試詩一卷　唐王棨　福山王氏刊本　一本

徐騎省集三十卷補遺一卷附録一卷本傳一卷校記一

卷　宋徐鉉　黟縣李氏刊本　八本

徐騎省集校勘記二卷補遺一卷　李鴻年　二本

寇忠愍公詩集三卷　宋寇準　一本

宋景文集拾遺二十二卷　宋宋祁　閩聚珍版本　二本

歐陽文忠公文集三十六卷　宋歐陽修　日本刊本　十本

歐陽文忠公全集一百〇五卷　康熙刊本　二十四本

鐔津文集十八卷附録一卷　宋釋契嵩　日本刊本　六本

盱江文鈔三卷　李覯　日本刊本　三本

蔡忠惠詩集六卷別紀六卷　宋蔡襄　明天啓刊本　八本

王臨川集一百卷　宋王安石　明刊本　十二本

又一部	光緒刊本	二十四本
王荊文公詩五十卷	宋李壁注	八本
擊壤集二十卷	宋邵雍 明刊本	四本
司馬溫公文集八十二卷	宋司馬光 國初刊本	二十四本
司馬文正公集八十二卷		十本
司馬文正公傳家集選十六卷	日本刊本	六本
溫公文集十四卷	正誼堂本	六本
東坡全集七十五卷詩選十二卷年譜一卷傳一卷	宋蘇軾 明陳仁錫刊本	三十二本
王狀元集註分類東坡先生詩二十五卷	宋王十朋 日本刊本	二十五本

五

東坡策三卷　日本刊本　三本

蘇文忠公詩合注五十二卷　馮應榴　二十本

蘇文忠公詩編注集成一百二卷　王文誥　十六本

紀評蘇詩五十二卷　紀昀　同治刊本　十二本

蘇詩補注八卷　翁方綱　粵雅堂本　四本

蘇詩查注補正四卷　沈欽韓　心矩齋本　二本

黃文節公全集九十一卷附伐檀集二卷　宋黃庭堅　光緒刊本

二十八本

山谷詩內集注二十卷外集十七卷別集二卷　宋任淵史容史季溫

義寧陳氏仿宋刊本　二十本

山谷先生文集三十卷　明刊本　四本

山谷詩集注內集二十卷外集十七卷外集補四卷別集二卷補一卷年譜十四卷　二十八本

山谷外集補四卷別集補一卷　聚珍版本　二本

淮海集四十卷後集六卷詞三卷　宋秦觀 明末刊本　十六本

淮海集十七卷後集二卷詞一卷補遺一卷疏補遺一卷考證一卷　高郵王氏刊本　八本

柯山集五十卷　宋張耒　內聚珍本　八本

柯山集拾遺十二卷　閩聚珍本　二本

後山先生集二十四卷　宋陳師道 廣東刊本　四本

六

道鄉集四十卷補遺一卷附録一卷 宋鄒浩 八本

青山集三十卷続集五卷 宋郭祥正 四本

姑溪居士文集五十卷後集二十卷 宋李之儀 粤雅堂本 十本

東萊詩集二十卷 宋呂本中 四本

龜山先生全集四十二卷 宋楊時 明刊本 六本

又一部 光緒刊本 十本

宗忠簡公集八卷 宋宗澤 乾隆刊本 二本

宗忠簡文鈔二卷 日本刊本 二廿本

岳忠武文集一卷 明單恂輯 日本刊本 一本

雙溪集十五卷遺言一卷 宋蘇籀 粤雅堂本 四本

東溪先生集二卷 宋高登 一本

胡澹庵先生文集三十二卷 補遺 宋胡銓 八本

韋齋集十二卷 宋朱松 道光刊本 四本

鄂州小集六卷 附 鄂州遺文一卷 宋羅願 歙程氏刊本 二本

又一部 黟縣李氏刻本 二本

容齋題跋二卷 宋洪邁 一本

水心題跋一卷 宋葉適 二本

呂東萊先生遺集二十卷 宋呂祖謙 六本

南軒先生遺集四十四卷 宋張栻 錫山華氏刊本 十二本

宋王文忠公文集五十卷 宋王十朋 近刊本 十四本

七

石湖詩集三十四卷 宋范成大 四本

又一部 二本

田園雜興詩一卷 日本刊本 一本

楊誠齋詩集十六卷 宋楊萬里 六本

渭南文集五十卷 宋陸游 汲古閣本 八本

劍南詩稿八十五卷 汲古閣本 三十二本

又一部 四十本

浪語集三十五卷 宋薛季宣 六本

象山先生全集三十六卷 宋陸九淵 八本

秋崖先生小藁四十五卷詩集三十八卷 宋方岳 八本

攻媿集一百十二卷　宋樓鑰　衆珍板本　二十四本

朱子大全集一百十一卷　宋朱熹　四十八本

龍川文集三十卷傳一卷　宋陳亮　八本

白石道人詩集二卷外集一卷詩説一卷歌曲四卷别集一卷

宋姜夔　知不足齋刊本　一本

又一部　宣氏刊本　二本

白石詩集一卷詞集一卷　宋姜夔　陳玉几刊本　二本

白石詩集一卷　陳玉几刊本　一本

方泉詩三卷　宋周文璞　石印本　一本

竹齋詩集四卷　宋裘萬頃　一本

八

耻堂存稿八卷 宋高斯得 三本

魏隺山先生渠陽詩一卷 宋魏了翁撰王德文注 貴池劉氏仿宋本 一本

又一部 一本

徐文惠公存稿五卷附録一卷 宋徐經孫 康熙刊本 四本

廬陵文丞相全集十六卷附録一卷 宋文天祥 九本

文文山文鈔二卷 日本刊本 一本

指南録四卷紀年録一卷 日本刊本 三本

湖山類稿五卷附録一卷水雲集一卷附録三卷 宋元量 知不足齋刊本 二本

真山民集一卷補遺一卷 日本刊本 一本

金仁山文集四卷 宋金履祥 一本

滏水集二十卷附録一卷札記二卷 金趙秉文 海豐吳氏刊本 八本

滏水集二十卷補遺一卷 畿輔叢書本 四本

滹南遺老集四十五卷 金王若虛 畿輔叢書本 六本

遺山詩集二十卷 汲古閣本 六本

元遺山詩集箋注十四卷年譜一卷附録一卷補觧一卷 施國祁 六本

湛然居士集十四卷 元耶律楚材 光緒刊本 四本

陵川文集三十九卷附録一卷 元郝經 乾隆刊本 十本

松雪齋集十卷外集一卷續集一卷行狀一卷　元趙孟頫
四本

剡源文鈔四卷逸文一卷　元戴表元　二本

揭文安公文粹二卷　元揭傒斯　粵雅堂本　二本

虞道園全集不分卷　元虞集　十本

虞伯生詩八卷補遺一卷　元虞集　汲古閣本　四本

丹邱生集五卷附録一卷　元柯九思　柯氏刊本　一本

圭齋文集十六卷又首末各一卷　元歐陽玄　四本

鹿皮子集四卷　元陳樵　二本

柳待制文集二十卷附録一卷　元柳貫　明刊本　六本

又一部　國初刊本　十本

至正集八十一卷　元許有壬　十本

黃文獻公集十卷　元黃溍　明刊後補本　六本

盧山外集四卷　元道惠　日本刊本　一本

白雲集四卷　元釋英　日本刊本　一本

歐陽論範二卷　二本

余忠宣公文集六卷　元余闕　同治安慶刊本　二本

環谷集八卷附錄一卷　元汪克寬　國初刊本　二本

梅道人遺墨一卷　元吳鎮　一本

清閟閣全集十二卷　元倪瓚　三本

劉文成公集二十卷　明劉基　近刻本　十二本

宋文憲文集三十卷　明宋濂　康熙刊本　十二本

青邱高季廸先生詩集十八卷遺詩一卷青邱扣舷集一卷鳧藻集五卷年譜一卷　明高啓　金檀注　文瑞楼刊本　八本

又一部　十本

高季廸先生大全集十八卷　四本

眉菴詩集不分卷　明楊基　景印手稿本　二本

西隱文集十卷附録一卷　明宋訥　四本

遜志齋集二十四卷　明方孝孺　明刊本　十三本

解文毅公集十六卷附録一卷後集六卷　明解縉　江西刊本　十本

野古集三卷附錄一卷　明龔詡　二本

巽隱程先生集二卷　明程本立　一本

于肅愍集八卷附錄一卷　明于謙　錢塘丁氏刊本　二本

瓊臺會稿文集二十四卷傳書一卷　明邱濬　光緒刊本　十二本

薛先生文集二十四卷　明薛瑄　明刊本　十二本

蔡文莊公集八卷　明蔡清　乾隆刊本　六本

青溪漫稿二十四卷　明倪岳　錢塘丁氏刊本　六本

邊華泉集八卷稿六卷　明邊貢　舊刊本　四本

歸田稿八卷年譜一卷　明謝遷　四本

夢澤集十一卷　明王廷陳　明刊本　一本

練溪集四卷　明淩震　二本

洹詞十二卷　明崔銑　明刊後補本　六本

升庵文集八十一卷目録四卷　明楊慎　二十本

潘笠江先生集五卷　明潘口　明嘉靖刊本　六本

楊忠愍公全集四卷　明楊繼盛　四本

正氣堂集三十二卷　明俞大猷　附洸海近事二卷　十六本

孫石臺先生遺集二卷　明孫揚　二本

白雲巢集二十四卷　明邢大道　明刊本　八本

荊川先生文集十二卷補遺五卷外集二卷　明唐明之

九本

海忠介公集六卷　明海瑞　丁儉卿藏書　二本

鈐山堂集四十卷　明嚴嵩　嘉慶刊本　十本

太白山人漫稿八卷附録一卷　明孫一元　二本

梧岡詩集六卷　明陳竞　明嘉靖刊本　二本

松石齋文集二十五卷　明趙用賢　八本

達觀樓集二十四卷　明鄒維璉　八本

徐文長集三十卷　明徐渭　明刊本　五本

張太岳先生文集四十七卷　明張居正　旧刊本　十六本

吴疎山先生遺集十二卷　明吴悌　旧刊本　四本

滄溟先生集三十一卷附録一卷補遺一卷　明李攀竜　明刊本

六本

王奉常集十八卷　明王世懋　明刻本　四本

瑞陽阿集十卷　明江東之　明刊本　四本

副墨五卷　明汪道昆　日本寫本　五本

陽秋館集二十三卷　明邵機惟　八本

山帶閣集三十三卷　明朱日藩　六本

南皋集選七卷　明鄒元標　明刊本　八本

汲古堂集二十八卷　明何白　十本

從野堂存稿　存三卷　明繆昌期　四本

熊

熊襄愍公集十二卷　明熊廷弼　十本

容臺集 存前七卷 明董其昌 明刊本 五本

鹿忠節集二十一卷 明鹿善繼 六本

陶庵文集七卷補遺一卷詩集八卷語録四卷 明黄淳耀 六本

檀園集十二卷 明李流芳 四本

又一部 六本

保閒堂集二十五卷 明趙士琛 四本

觀復堂稿略一卷 明朱集璜 一本

懶齋別集十四卷 存十一卷 牧雲 汲古閣本 四本

高宗皇帝御製詩四集一百卷五集一百卷 内府刊本 九十六本

一三

牧齋初學集一百十卷 錢謙益 明刊本 十六本

牧齋初學集詩注二十一卷有學集詩注十四卷 錢曾 原刊本 八本

梅村家藏稿五十八卷補一卷年譜四卷 吳偉業 武進董氏刊本 四本

梅村詩集十八卷 吳翌鳳箋注 八本

又一部 八本

雪堂先生集選十四卷 熊文舉 八本

二九居集九卷 黎景義 四本

變雅堂詩集十卷文集八卷附録二卷 杜濬 六本

獨漉堂稿詩六卷賦一卷　陳恭尹　二本

南雷文約四卷　黃宗羲　四本

顧亭林先生詩箋注十七卷補一卷　徐嘉　六本

亭林餘集一卷　一本

居易堂集二十卷　徐枋　六本

寶綸堂集十卷拾遺一卷逸事一卷　陳洪綬　八本

魏叔子文集二十二卷詩集八卷日錄三卷　魏禧　十四本

白茅堂集四十六卷　顧景星　二十本

明樂府一卷　萬斯同　一本

二曲集二十六卷　李顒　十二本

又一部 四本

霜江龕集四十四卷 傅山 十二本

蒿庵集三卷附録一卷閒話二卷 張尔岐 三本

聰山集詩八卷文三卷荊園小語一卷進語一卷年譜一卷 申涵光 四本

甌香舘集十二卷補遺二卷 惲格 四本

隰西草堂詩集五卷文集三卷唱和集一卷 萬壽祺 二本

黄葉村莊詩集二卷續集一卷後集一卷 吴之振 一本

臨野堂文集十卷詩集十三卷　鈕琇　二本

賴古堂集二十四卷附録一卷　周亮工　四本

拙政園詩集二卷　徐燦　拜經樓刊本　一本

受祺堂詩集三十五卷　李因篤　十本

石閭集一卷　蔣易　一本

范忠貞公文集四卷遺稿三卷　范承謨　四本

獨善堂文集六卷　王大經　四本

道援堂詩集十二卷詞一卷　屈大均　六本

黄湄詩選十卷　王又旦　二本

十笏草堂詩四卷　王士禄　四本

一五

漁洋詩集二十二卷 王士正 四本

漁洋山人精華録十卷 王士正 四本

精華録箋注十二卷補注一卷年譜一卷 金榮林始 十二本

秋柳詩箋一卷 王祖源 天壤閣刊本 一本

西陂類稿五十卷 宋犖 十六本

又一部 十二本

綿津山人詩集三十一卷楓香詞一卷漫堂説詩一卷附緯蕭草堂詩三卷 宋犖 宋至 十六本

綿津詩鈔八卷 二本

半可集四卷 戴廷栻 二本

西北文集三卷 畢振姬 二本

秋笳集八卷附錄一卷 吳兆騫 粵雅堂本 四本

湖海樓文集六卷駢文十二卷詩十二卷補遺一卷詞二十卷 陳維崧 十六本

陳檢討集二十卷 程師恭注 三本

曝書亭集八十卷附錄一卷 朱彝尊 原刊本 附朱昆田笛漁小稿十卷 三十二本

笛漁小稿十卷 朱昆田 原刊本 二本

葦間詩集五卷 姜宸英 二本

松桂堂全集三十四卷　彭孫遹　四本
西河文選十一卷　毛奇齡　六本
遂初堂文集十二卷　潘耒　四本
堯峰文鈔四十卷　汪琬　原刊本　六本
七頌堂文集二卷詩集十卷　劉躰仁　同治刊本　四本
東舍集二卷　蔣景祁　一本
溉堂集二十七卷　孫枝蔚　十二本
隨輦集十卷統集一卷　高士奇　一本
歸田集十四卷　高士奇　四本
獨旦集八卷　高士奇　三本

挹奎樓選稿十二卷　林雲銘　四本

蘆中集十卷　王攄　二本

陋軒詩二卷續二卷　吳嘉紀　五本

蓮洋集十二卷補遺一卷　吳雯　六本

思復堂文集十卷附録一卷末一卷　邵廷采　會稽徐氏刊本　八本

南齋詩集不分卷　邱象升　一本

時用集不分卷　陳　一本

義門先生集十二卷附録一卷弟子姓氏録一卷家書四卷　何焯　六本

水南先生遺集六卷　程嗣立　一本

午亭文編五十卷　陳廷敬　八本

張文貞公集十二卷年譜一卷　張玉書　十三本

敬業堂集四十八卷續集六卷　查慎行　九本

解舂集文鈔十二卷補遺二卷詩鈔三卷　馮景　原刊本　四本

又一部　無詩鈔　五本

懷清堂集二十卷　湯右曾　四本

使黔集二卷　湯右曾　一本

西渚詩存二卷　劉沁區　一本

自吟亭詩稿二卷　阮晉　二本

蓬亭偶存詩草十五卷餘草一卷　陳王猷　附陳學典小蓬亭詩草六卷　五本

石川詩鈔二卷　方覲　一本

漫與集一卷　梅庚　一本

匠門書屋文集三十卷　張大受　十二本

古歡堂集九卷　田雯　二本

予齋集六卷　朱嵩齡　二本

半農先生集四卷　惠士奇　一本

嚴太僕集十二卷　嚴虞惇　二本

離六堂集十二卷近稿一卷序一卷　釋大汕　六本

一八

穆堂初稿五十卷　李紱　十六本

穆堂別集五十卷　十二本

鹿洲初集二十卷　藍鼎元　九本

翼堂詩集二卷　卯迥　一本

陳司業文集四卷詩集四卷　陳祖范　三本

學福齋文集二十卷　沈大成　六本

白田草堂存稿八卷　王懋竑　二本

四焉齋文集八卷　曹一士　十本

隱拙齋集二十二卷　沈廷芳　六本

弢甫集十四卷續集十八卷　桑調元　六本

敬齋集十二卷　吴高增　二本

秋江集注六卷　黄任撰　王元麟注　六本

歸愚文鈔十二卷　沈德潛　三本

雅雨堂文遺集四卷詩遺集二卷雅雨山出塞集一卷　盧見曾　四本

玉几山房吟卷一卷　陳撰　一本

銅鼓書堂遺稿三十二卷　查禮　四本

又一部　四本

唐堂集五十卷續八卷附刻一卷補遺一卷　黄之雋　二十本

十誦齋集五卷　周天度　二本

寶綸堂文鈔八卷詩鈔六卷　齊召南　四本

道古堂文集四十八卷詩集二十六卷集外文一卷集外詩一卷　杭世駿　十六本

又一部　詩集卷二十六以下集外詩文均闕　十六本

鮚埼亭集三十八卷經史問答十卷外編五十卷　全祖望　二十四本

石笥山房文集六卷補遺一卷詩集十卷詩餘一卷補遺二卷續補二卷　胡天游　十本

緑杉野屋集四卷　徐以泰　一本

冬心先生續集一卷　金農　石印手稿本　一本
樊榭山房集十卷續集十卷文集八卷　厲鶚　六本
葆璞堂詩集四卷文集四卷　胡煦　八本
王己山先生文集十卷別集四卷　王步青　二本
沙河遺老小稿五卷嶰谷詞一卷　馬日琯　粵雅堂本　三本
南齋集六卷詞二卷　馬日璐　粵雅堂本　四本
玉山草堂續集六卷　錢林　粵雅堂本　二本
侯鯖集十卷　李友棠　四本
芝庭文集八卷　彭啓豐　二本
芝庭詩集稿十六卷　彭啓豐　四本

二〇

切問齋集十六卷 陸燿 八本

頻羅庵遺集十六卷 梁同書 六本

笥河文集十卷 朱筠 六本

知足齋詩集二十卷續集四卷文集六卷進呈文稿二卷 朱珪書題朱文正公集 十八本

甌北集五十二卷 趙翼 十四本

甌北詩鈔二十卷 八本

小倉山房詩集三十六卷補遺二卷 袁枚 八本

小倉山房外集七卷 二本

袁文箋正十六卷補注一卷 石韞玉 原刊本 六本

袁文箋正又一部　原刊本　四本

又一部　覆刊本　八本

袁文箋正補一卷　項通英附　端溪硯補記一卷　袁樹　封楚(禁)山記　劉靖　一本

顧(頤)綵堂文集十二卷詩鈔十卷　沈叔埏　六本

紀文達公遺集十六卷　紀昀　八本

又一部　六本

勉行堂詩集二十四卷文集六卷　程晉芳　十二本

蕺園近詩一卷　程晉芳　一本

半舫齋編年詩二十卷　夏之蓉　四本

泊鷗山房集三十八卷	陶元藻	十本
顧雙溪集九卷	顧奎光	二本
板橋詩鈔三卷詞鈔一卷題畫一卷家書一卷	鄭燮	四本
竹葉庵文集三十三卷	張塤	六本
忠雅堂文集三十卷	蔣士銓	六本
忠雅堂文集十二卷	蔣士銓	六本
秋盦詩草一卷詞草一卷題跋一卷	黃易	一本
復初齋文集三十五卷	翁方綱	十本
復初齋詩集存三十二卷	翁方綱	六本

又一部 存卷一至十一十七至六十二 十本

芙蓉山館詩稿十六卷詞稿四卷 楊芳燦 四本

韞山堂文集八卷詩集十六卷 管世銘 五本

亦有生齋集文二十卷詩三十二卷樂府二卷詞五卷 趙懷玉 二十本

亦有生齋樂府二卷 一本

兩當軒集二十卷考異二卷附録四卷 黄景仁 六本

兩當軒詩鈔十四卷竹眠詞鈔二卷 黄景仁 四本

又一部 四本

述學內篇三卷外篇一卷補遺一卷別録一卷 汪中原刊本 一本

二二

芳茂山人文集十二卷詩録九卷 孫星衍 附長離閣集 十二本
王采薇

傳書樓詩稿一卷 汪金順 一本

秋士先生遺集六卷 彭績 一本

又一部 二本

二林居集二十四卷 彭紹升 六本

又一部 六本

一行居集八卷附一卷 彭紹升 二本

又一部 二本

尊聞居士集八卷 羅有高 二本

又一部　二本

汪子文録十卷詩録四卷二録二卷三録三卷　汪縉　四本

又一部　僅有文録十卷　二本

大雲山房文稿初集四卷二集四卷言事二卷　惲敬　六本

有正味齋詩集十六卷續集八卷駢體文集二十四卷續集八卷詞集八卷續集二卷外集七卷　吴錫麒　十二本

有正味齋駢文箋注十六卷　葉聯芬　七本

有正味斎駢体文箋二十四卷　王廣業　八本

二三

孟亭居士文稿三卷詩稿二卷　馮浩　三本

潛研堂文集五十卷詩集十卷續十卷　錢大昕　原刊本　十六本

緑天書舍存草六卷　錢楷　二本

幼學堂文稿一卷　沈欽韓　一本

七録齋詩選八卷　阮葵生　二本

又一部　二本

留春草堂詩鈔七卷　伊秉綬　四本

又一部　二本

稻齋集詩鈔一卷　陳沆　南唐雜咏一卷　胡濙　合裝　一本

晚學集八卷 桂馥 二四本

未谷詩集四卷 桂馥 一六本

樹經齋詩初集十三卷 謝啓昆 二六本

青芙蓉閣詩鈔六卷 陸元鋐 二本

易園集六卷詞集一卷 李林松 五本

彫菰樓集二十四卷附蜜梅華館集二卷 焦循 八本

揅經室一集十四卷二集八卷三集五卷四集十四卷続集十一卷再続集六卷 阮元 二十四本

揅經室詩録四卷 一本

楚中文筆二卷附録二卷 阮元 二本

二四

鑑止水齋集二十卷　許宗彦　六本

鉄橋漫稿八卷　嚴可均　四本

存悔齋集二十八卷外卷四卷　劉鳳誥　八本

吳學士文集四卷詩集五卷　吳文鼎　六本

聽秋軒詩集四卷　駱綺蘭　一本

修凝齋集六卷　阮鍾瑗　六本

劉禮部集十二卷　劉逢禄　六本

烏目山房詩存六卷　蔣因培　二本

泰雲堂文集二卷駢體文集二卷詩集十八卷詞集三卷　孫尔準　四本

綴玉集四卷　蔡兆華　一本

攬青閣詩鈔二卷　李貽德　一本

著花庵集八卷吳門集八卷南歸集四卷　李黼平

五本

柳洲遺稿二卷　魏之琇　一本

浼水齋詩集十六卷別集二卷　郜位　六本

頤素堂詩鈔八卷　顧祿　二本

積風閣詩鈔一卷味無味齋詩鈔一卷　朱艧　一本

左海文集十卷詩集六卷乙集二卷　陳壽祺　十二本

靈芬館雜著二卷續編四卷三編六卷　郭麐　四本

碧城仙館詩鈔十卷 陳文述 二本

頤道堂戒後詩存一卷 陳文述 一本

拜竹詩龕詩存十卷 馮登府 二本

半樹齋文十二卷 戈襄 四本

校經廎文稿十八卷 李富孫 六本

研六室文鈔十卷補遺一卷 胡培翬 四本

類經文四卷續一卷 江藩 一本

壹齋集三十六卷續一卷附泛槎録二卷 黄鉞 八本

九水山房文存二卷 畢亨 一本

石雲山人文集五卷附奏議六卷 吳榮光 八本

陶山詩前録二卷露蟬吟一卷　唐仲冕　一本

養素堂文集三十五卷　張澍　十六本

邃雅堂集十卷続編一卷　姚文田　五本

簡莊文鈔六卷続編二卷何莊詩鈔一卷　陳鱣　二本

寶書堂詩鈔八卷　褚華　二本

小謨觴館文集注四卷続集注三卷　孫元培　孫長熙　四本

逃禪閣詩集八卷　張崟　三本

定庵文集三卷續集四卷補六卷又補四卷　龔自珍　六本

二六

又一部　六本

龔禮部己亥雜詩一卷　龔自珍　一本

養一文集十九卷詩集四卷　李兆洛　十本

又一部　十本

養一詩集　二本

敦艮齋遺書十七卷　徐潤第　五本

小萬卷齋詩集三十二卷續稿四卷經進稿四卷　朱琦　十本

葦間老人題畫集一卷　邊壽民　一本

養一齋集二十五卷　潘德輿　六本

又一部　六本

古徵堂内集三卷外集七卷　魏源　四本

籀經堂集十四卷補遺二卷　陳慶鏞　四本

㫐齋文集八卷詩集四卷　張穆　四本

衎石齋紀事稿十卷續稿十卷　錢儀吉　十本

甘泉鄉人稿二十四卷年譜一卷附錢炳森邠農偶吟稿一卷　錢泰吉　五本

東洲草堂詩鈔二十七卷　何紹基　六本

樂志堂文集十八卷詩集十二卷　譚瑩　十本

西澗集三卷　德宣　二本

二七

觀齋集十六卷　王澤　二本

游道堂集四卷　朱彬　二本

嵇庵詩集六卷　梅植之　一本

十經齋文集四卷　沈濤　一本

柴辟亭詩集四卷　沈濤　一本

赤霞吟草二卷　王鉅　二本

青藜閣詩鈔一卷　劉鴻庚　一本

空桐子詩草十卷　王煦　二本

小松圓閣雜著三卷　程庭鷺　一本

瀘月軒集七卷　趙棻　二本

依舊草堂遺稿一卷　黄丹旭　一本

通父類稿四卷續二卷詩存四卷詩存之餘二卷　魯一同

四本

通父詩存詩存之餘一卷　三本

仲實類稿一卷詩存二卷　魯蕡　三本

又一部　二本

怡志堂文初編八卷　朱琦　四本

龍壁山房詩草十七卷　王拯　六本

攀古小廬文一卷補遺一卷　許瀚　一本

陳禮部文集一卷含香集四卷循陔集八卷載酒集

二八

四卷月波樓琴言三卷　陳其錕　五本

含香集四卷循陔集八卷　陳其錕　三本

大小雅堂詩集四卷附氷蠶詞一卷　承齡　二本

儀衛軒遺書二卷　方東樹　一本

一粟廬詩二稿四卷　于源　一本

又一部　一本

一鐙精舍甲部稿五卷　何秋濤　一本

澄懷書屋詩鈔四卷　穆彰阿　四本

江忠烈公遺集二卷附録一卷　江忠源　三本

鄒叔績文集三卷　鄒漢勛　一本

胡文忠公遺書十卷首一卷 胡林翼 八本

王壯武公遺集二十四卷年譜二卷附練勇芻言五卷 王鑫 十二本

曾文正公詩集四卷 曾國藩 二本

寶其文齋文鈔八卷鈔續二卷詩鈔二卷附錄一卷 黃雲鵠 十本

尺岡草堂遺文四卷遺詩八卷 陳璞 八本

顯志堂稿十二卷夢奈詩稿一卷 馮桂芬 六本

又一部 六本

翠巖室文稿二卷詩鈔五卷 韓弼元 四本

二九

心白日齋集六卷　尹耕雲　四本
又一部　四本
半村詩稿四卷　顧叔詰　一本
東丈山堂詩選八卷詞選一卷　許棫　二本
謫麐堂遺集四卷　戴望　一本
半巖廬遺集二卷　邵懿辰　二本
嘐桐文集十卷詩集十卷　劉城　八本
學詁齋文集二卷　薛壽　一本
詒清堂稿一卷　譚祖同　一本
青溪舊屋文集十一卷　劉文淇　六本

讀秋水齋詩十六卷　陸嶷恩　四本
經雅堂遺稿三卷　孫慧良　一本
享帚集十卷　楊豫成　四本
荔雨軒詩集三卷　華翼綸　一本
柈湖文集十二卷　吴敏樹　四本
貞定先生遺集四卷　莫與儔　一本
籀書内篇二卷外篇二卷　曹金籀　二本
宛湄書屋文鈔十一卷　李光廷　四本
結一廬遺文二卷　朱學勤　一本
漢孳室文鈔四卷補遺一卷　陶方琦　二本

三〇

拙尊園叢稿六卷　黎庶昌　石印本　二本

又一部　刊本　四本

獄鑽小稿三卷　趙光祖　一本

十三峰書屋全集八卷　李榕　四本

姚正甫集十卷　四本

柏堂集前編十四卷後編二十二卷續編二十二卷次編十三卷外編十二卷　方宗誠　十七本

遜學齋詩鈔十卷　孫衣言　二本

西園文集四卷　張吉梁　四本

示樸齋駢體文六卷　錢振倫　二本

墨壽閣詩集四卷　汪承慶　二本

養知書屋文集二十八卷詩集十五卷　郭嵩燾　十六本

盾鼻餘瀋一卷　左宗棠　一本

復堂文続五卷　譚廷獻　四本

尚志居集八卷補遺一卷附讀書記四卷　楊德亨　四本

謝城先生遺詩二卷　汪曰楨　一本

谷庵燹賸二卷續一卷補遺一卷　張鴻獻　一本

西行雜詠草一卷　姚華囯　一本

三一

揅雅堂詩十一卷　張景祁　二本
賓萌集五卷外集四卷　俞樾　四本
廣雅碎金四卷附録一卷　張之洞　二本
湖廣（塘）林館駢躰文二卷　李慈銘　二本
庸庵文續編二卷　薛福成　二本
儀顧堂集二十卷　陸心源　八本
于湖小集四卷　袁昶　二本
長安宮詞一卷　胡延　一本
知止盦詩録六卷附録一卷　附退庵（齋）詩存一卷　黄宗起　二本

鬢仙詩舫遺稿廿卷　李鴻裔　一本
覺華龕詩存一卷　王蔭祜　一本
劬書室遺集十六卷　金錫齡　五本
希古堂文甲集二卷乙集六卷　譚宗浚　四本
湘綺樓文集八卷　王闓運　四本
湘綺樓詩集八卷夜雪集一卷　四本
藝風堂文集七卷外編一卷　繆荃孫　四本
晦明軒稿一卷　楊守敬　一本
食舊德齋雜著不分卷　劉心源　四本
又一部　二本

三二

懷亭詩録六卷詞録二卷　蔣學堅　二本

海藏樓詩一卷　鄭孝胥　一本

石遺室詩集三卷補遺一卷　陳衍　一本

式古訓齋文集二卷外集一卷八指詩存二卷　閔頤生　五本

後樂堂文鈔九卷　陳玉樹　四本

鄦園書札一卷　葉德輝　一本　（郋.）

師鄭堂駢體文二卷　孫雄　一本

頤和園詞一卷　一本

南郭先生文集二編十卷三編十卷四編十卷　日本服元喬

十八本

稻川遺芳不分卷　日本山本憲　一本

慊堂遺文二卷　日本松崎復　二本

北禪文草四卷　日本笠顯常　二本

芝山先生遺稿二卷　日本後藤世鈞　二本

雲海詩鈔二卷　日本長岡護美　二本

槐南集二十八卷　日本森大來　八本

總集類

楚詞釋十一卷　王闓運　一本
離騷箋二卷　龔景瀚　一本
離騷草木疏四卷　宋吳仁傑　一本
楚騷綺語六卷　明張之象　六本
文選正文十二卷　梁蕭統　十四本
文選六十卷考異十卷　唐李善注　胡克家本　二十四本
文選音義八卷　余蕭客輯　二本
文選考異四卷　孫志祖　二本
文選古字通疏證六卷　薛傳鈞　一本

文選筆記八卷 許巽行 六本

文選~~釋疑~~拾遺八卷 朱銘 二本

選詩偶箋八卷 鍾駕鰲 二本

古文苑九卷 仿宋本 二本

古文苑二十一卷 宋章樵 江蘇局本 四本

續古文苑二十卷 孫星衍 原刊本 六本

又一部 江蘇局本 六本

古文關鍵二卷 呂祖謙 山堂刊本 二本

古文真寶十卷 元林以正 日本刊本 二本

文字會寶不分卷 明朱文治 明刊本 十本

文致不分卷	明劉士鏻	明帰安閔氏刊本	八本
古文品外録十二卷	明陳継儒		四本
斯文精萃不分卷	尹継善	原刊本	十二本
古文辭類篹二十卷（七十五）	黎庶昌（姚鼐）		十六本
續古文辭類篹二十八卷	黎庶昌		十二本
古文詞略二十四卷	梅曾亮		六本
文苑珠林四卷	蔣超伯		二本
涵芬楼古今文鈔一百卷	吴曾祺		一百本
和漢合璧文章軌範四卷	日本石川鴻斎		四本
駢體文鈔廿九卷（三十一）	李兆洛	原刊本	十二本

又一部　翻刊本　八本

四六法海八卷　蔣士銓　八本

本朝文粹十四卷　日本藤原明衡　八本

東古文存一卷　朝鮮金正喜　一本

欽定四書文無卷數　十六本

翰海十二卷　明沈佳胤　明刊本　四本

結璘集十六卷　周在俊　六本

賦苑八卷　明　明刊本　八本

御選歷代賦彙一百四十卷外集二十卷逸句二卷補遺二十二卷　內府刊本　四十本

三五

古賦識小録八卷　王芑孫　二本

古詩十九首釋一卷　姜任修　一本

又一部　一本

玉臺新詠十卷　陳徐陵　日本翻明寒山趙氏本　二本

玉臺新詠十卷　吳兆宜注　程琰刪補　六本

樂府詩集一百卷　宋郭茂倩　汲古閣本　十本

又一部　湖北局本　十六本

古詩類苑三十二卷　明張之象　明刊本　八本

古詩源十四卷　沈德潛　二本

古詩録十二卷　張琦　四本

聲畫集八卷　宋孫紹遠　日本刊本　四本

瀛奎律髓四十九卷　宋方回　石門吳氏刊本　十六本

風雅翼十四卷　元劉履　日本刊本　六本

五言詩十七卷七言歌行詩鈔十五卷五言今體詩鈔九卷

七言今體詩鈔九卷　王士正　姚鼐　金陵書局刊本　十本

又一部　十六本

五言詩十七卷七言歌行詩鈔十五卷　原刊本　六本

詩林韶濩二十卷　顧嗣立　原刊本　六本

榕村詩選九卷　李光地　四本

小石帆亭五言詩續鈔八卷　翁方綱　粵雅堂本　三本

三六八

五言今體詩鈔九卷七言今躰詩鈔九卷　姚鼐　四本

歷朝二十五家詩録三十七卷　鄒湘倜　三十本

古今風謠一卷古今諺一卷　明楊慎　古今風謠拾遺四卷古今諺拾遺六卷　史夢蘭　四本

本事詩十二卷　徐釚　四本

又一部　二本

名媛詩歸三十一卷　明鍾惺　十本

懷風藻一卷　日本淡海三船　一本

元和三舍人詩一卷　唐王涯令狐楚張仲素鈔本　一本

皮陸唱和集八卷 唐皮日休陸龜蒙 一本

二李唱和集一卷 宋李昉李至 一本

又一部 一本

月泉吟社二卷 粤雅堂本 一本

谷音二卷 元杜本 粤雅堂本 一本

沈氏湖櫂歌四卷 二本

南宋雜事詩七卷 四本

又一部 四本

林屋唱酬録一卷附録一卷 馬曰琯等 粤雅堂本 一本

焦山紀游集一卷 厲鶚等 粤雅堂本 一本

邗上題襟集一卷 曾燠等 二本
舊雨集初編四卷續編四卷 管幹珍 一本
清尊集十六卷 汪遠孫 四本
吳中唱和集八卷 梁章鉅 二本
汜水聯吟集十卷 岳鴻慶 二本
南北朝文鈔二卷 彭兆蓀 二本
六朝文絜四卷 許槤 二本
唐文粹一百卷 宋姚鉉 十六本
又一部 十六本
唐文拾遺七十二卷 陸心源 二十本

唐文續拾十六卷　陸心源　六本

又一部　六　四本

宋文鑑一百五十卷　宋呂祖謙　二十四本

又一部　二十四本

南宋文範七十卷外編四卷　莊仲方　十六本

又一部　十六本

南宋文錄二十四卷　董兆熊　六本

又一部　六本

遼文存六卷附錄二卷　繆荃孫　二本

遼文萃七卷藝文志補正一卷西夏文綴二卷藝文志一卷

王仁俊　一本

又一部　一本

金文雅十六卷　莊仲芳　四本

金文最六十卷　張金吾　十六本

元文類七十卷　元蘇天爵　十六本

又一部　十本

明文在一百卷　薛熙　十本

又一部　十本

明文選二十八卷　李祖陶　八本

皇朝文典七十六卷　李兆洛　十六本

湖海文傳七十五卷　王昶　十六本
切問齋文鈔三十卷　陸燿　八本
唐駢體文鈔十七卷　陳均　四本
國朝駢體正宗十二卷　曾燠　六本
又一部　六本
皇朝駢文類苑十四卷　姚燮　十五本
漢詩音注十卷　李因篤　四本
八代詩選二十卷　王闓運　八本
又一部　八本
中興間氣集二卷　唐高仲武　一本

三九

才調集十卷 唐韋縠 四本
才調集補註 馮舒馮班 四本
王荆公選唐詩二十卷 宋王安石 双清閣原刊本 四本
又一部 翻刊本 四本
唐賢絶句三體詩法二十卷 宋周弼 三本
唐詩品彙九十卷唐詩拾遺十卷 明高棅 明刊大字本 二十本
又一部 明刊小字本 十七本
唐試詩四卷 明吳勉學 明刊本 二本
唐詩廣選七卷 明淩濛初 明刊本 八四本

唐人萬首絶句選七卷	王士正	二本
唐賢三昧集箋注三卷	吴煊 胡棠	三本
唐詩英華二十二卷	顧有孝	六本
大歷詩略六卷	喬億	二本
中晚唐詩叩彈集十二卷續集三卷	杜詔	六本
唐詩别裁集二十卷	沈德潛	十本
全唐詩不分卷		三十二本
全唐詩録一百卷	徐倬	二十四本
全唐近體詩鈔五卷	沈裳錦	二本
御選唐宋詩醇四十七卷	内府刊本	二十四本

四〇

分門纂類唐宋時賢千家詩選二十二卷　宋劉克莊　棟亭十二種本　六本

宋詩鈔初集十七卷二集二十三卷三集二十四卷四集二十九卷　吴之振　三十二本

宋詩紀事一百卷　厲鶚　二十四本

又一部　三十二本

宋詩紀事補遺一百卷補正四卷　陸心源　二十六本

宋高僧詩選前集一卷後集三卷續集一卷　宋陳起　補遺一卷　明毛晋　日本刊本　一本

中州集十卷樂府一卷　金元好問　汲古閣本　十本

御定全金詩七十二卷　郭元釪　三十二本

元百家詩集甲至壬九集不分卷　顧嗣立　十八本

元詩選癸集十六卷　十六本

元詩紀事二十四卷　陳衍　六本

明詩正聲十八卷　明穆光胤　日本刊本　四本

皇明注釋千家詩四卷　明汪萬頃　日本刊本　四本

國朝七子詩集註解七卷　明陳继儒　日本刊本　二本

列朝詩集七十五卷　錢謙益　三十本

又一部　二十四本

又殘本　十四本

四一

明詩綜一百卷　朱彝尊　四十本
明詩別裁集十二卷　沈德潛　六本
明詩紀事一百二十二卷　陳田　二十四本
國朝詩別裁集三十二卷　沈德潛　十本
又一部　十本
國朝詩十卷外編一卷補六卷　吴翌鳳　六本
扶輪廣集十四卷　黄傳祖　十二本
湖海詩傳四十六卷　王昶　八本
道咸同光四朝詩史甲集八卷　孫雄　十本
國朝閨閣詩鈔不分卷　蔡殿齊　十本

八旗文經六十卷　盛昱　十二本

畿輔詩傳六十卷　陶樑　十六本

遵化詩存十卷補遺一卷　孫贊元　四本

河汾諸老詩八卷　元房祺　一本

又一部　粤雅堂本　一本

國朝山左詩鈔六十卷　盧見曾　原刊本　二十本

國朝山左詩續三十二卷補鈔四卷　張鵬展　十六本

即墨詩乘十二卷　周翕鐄　六本

江蘇詩徵一百八十三卷　王豫　四十八本

七十二峰足徵集八十八卷　吴定璋　陳祖范　二十四本

四二

明練音續集十二卷國朝練音初集十二卷　王輔銘
八本
常州八邑藝文志十二卷　盧文弨　十五本
常州駢體文録三十卷附結一宦駢体文一卷　屠　六本
海陵文徵二十卷　夏荃　十本
南菁文鈔六卷　黄以周　四本
淮安藝文志十卷　八本
青浦詩傳二十四卷　六本
兩浙輶軒録四十卷　阮元　三十二本
國朝杭郡詩輯三十二卷續輯四十六卷　吳顥　吳振棫

國朝杭郡詩三輯一百卷 申丁丙 四十本

詁經精舍文續集八卷 羅文俊 四本

檇李詩繫四十二卷 沈季友 重卷二卷三 缺卷十一至卷十三 十六本

梅里詩輯二十八卷續輯十二卷補遺一卷 許燦沈愛蓮 十二本

梅里詩輯二十八卷 許燦 八本

吳興詩存初集八卷二集十四卷三集六卷四集二十卷 陸心源 十六本

甬上耆舊詩三十卷 胡文學 十六本

溪上詩輯十四卷 尹元煒馮本懷 六本

歷朝上虞詩集十六卷　錢玫　四本

金華詩録六十卷外集六卷別録四卷　朱琰　十二本

國朝嚴州詩録八卷　宋源瀚　二本

莆風清籟集六十卷　鄭王臣　二十本

湖南文徵姓氏録四卷目録六卷文一百三十卷補編一卷

羅汝懷　一百本

楚庭耆舊遺詩前集二十一卷後集二十一卷　伍崇曜

八本

端人集四卷　彭泰來　四本

學海堂集十六卷　阮元　六本

全蜀藝文志六十四卷 明楊慎 十四本

黔詩紀略三十三卷 黎於勲莫友芝 八本

邱氏家集一卷山陽邱氏文徵私記一卷 邱崧生 一本

文心彫（雕）龍十卷 梁劉勰明梅慶生音註 明刊本 四本

又一部 黄叔琳輯注 二本

文筆心眼鈔一卷 日本僧空海 日本活字本 一本

文鏡秘府論六卷 日本遍照金剛 日本刊本 三本

苕溪漁隱叢話前集六十卷後集四十卷 宋胡仔 仿宋刊本

一本

詩人玉屑二十卷 宋魏慶之 仿宋本 十本

四四

滄浪詩話一卷　宋嚴羽　一本

靜志居詩話二十四卷　朱彝尊　十四本

諧聲別部七卷　王士正　四本

漁洋詩話三卷　王士正　三本

帶經堂詩話三十卷　十本

聲調三譜四卷　趙執信　一本

五代詩話十卷　王士正　鄭方坤　粤雅堂本　七本

杜詩雙聲疊均譜括略十卷　周春　四本

歐北詩話十二卷　趙翼　四本

又一部　二本

石洲詩話八卷 翁方綱 四本
北江詩話六卷 洪亮吉 粤雅堂本 二本
文史通義八卷校讐通義三卷 章学誠 貴陽刊本 四本
又一部 粤雅堂本 九本
養一齋詩話十卷李杜詩話三卷 潘德輿 四本
眉山詩案廣證六卷 張鑑 二本
藝槩六卷 劉熙載 二本
星湄詩話二卷 徐傳詩 一本

詞曲類

宋六十一家詞五集六十九卷　明毛晋　汲古閣初刊本　闕第六集　五十本

宋六十一家詞六集九十卷　明毛晋　錢唐汪氏重刊本　二十六本

名家詞集十卷　侯文燦　原刊本　二本

四印齋所刻詞六十二卷　王鵬運　十三本

四印齋彙刻宋元三十一家詞三十一卷　王鵬運　四本

宋元名家詞十六卷　江標　長沙刊本　四本

西泠詞萃八卷　丁丙　二本

晨風閣所刻詞六卷　沈宗畸　一本

浙西六家詞十一卷 龔翔麟 原刊本 二本

小檀欒室彙刊閨秀詞十集一百十卷 徐乃昌 二十本

又一部 至第六集止 十二本

校宋本樂章集補目並補遺一卷 鈔本 一本

聊復集一卷 宋趙令時 輯 鈔本 一本

王周士詞一卷 宋王以寧 鈔本 一本

竹友詞一卷 宋謝邁 赤城詞一卷 宋陳克 誠齋樂府一卷 宋楊萬里

寧極齋樂府一卷 宋陳深 鈔本 一本

壽域詞一卷 宋杜安世 審齋詞一卷 宋王千秋 補 東堂詞一卷

宋韓玉 汲古閣刊本 甯都魏伯子藏書 一本

四九

樵歌三卷　宋朱希真　四印齋刊本　一本

于湖先生長短句五卷補遺一卷　宋張孝祥　蒲江詞藁一卷
宋盧祖皐　鈔本　一本

放翁詞一卷　宋陸游　汲古閣刊本　一本

雙溪詩餘一卷　宋王炎　影鈔明刊本　一本

白石道人詩集二卷集外詩一卷附録一卷詩説一卷歌曲
四卷歌曲別集一卷　宋姜夔　知不足齋仿宋本　四本

又一部　揚州宣氏刊本　二本

又一部　二本

夢窗詞四卷補一卷札記一卷　宋吳文英　歸安朱氏刊本　一本

蘋洲漁笛譜二卷	宋周密	知不足齋刊本	一本
草窗詞二卷補二卷	宋周密	歸安朱氏刊本	一本
山中白雲詞八卷	宋張炎	城書室刊本	四本
日湖漁唱一卷補遺一卷續補一卷	宋陳允平	粵雅堂刊本	一本
蛻巖詞二卷	元張翥	鈔本	一本
桂翁詞六卷鷗園新曲一卷	明夏言	怡邸藏書 嘉靖丙寅金陵童子刊本	二本
湘真閣詞一卷	明陳子竜	鈔本	一本
二鄉亭詞三卷拾遺一卷	宋琬		一本
飲水詞集一卷	納蘭性德	粵雅堂刊本	一本
納蘭詞五卷	納蘭性德	娛園刊本	二本

四七

彈指詞三卷補遺一卷附瀘塘集一卷 顧貞觀 三本

陳檢討詞鈔十二卷 陳維崧 二本

曝書亭詞注七卷 李富孫 二本 又一部 二本

又一部 缺第一卷 三本

秋林琴雅四卷 厲鶚 一本

紫鸞笙譜二卷 陳文述 二本

養一齋詞二卷 潘德輿 一本

清夢盦二白詞一卷 沈傳桂 一本

水雲樓詞二卷續一卷 蔣春霖 排印本 一本

茘牆詞一卷 汪曰楨 一本

考功詞一卷 鄭守廉 一本

鴟夢詞一卷 劉履芬 稿本 一本

味梨集一卷鶩翁詞一卷 王鵬運 蜩知集一卷 王鵬運 二本 一本

半塘定稿二卷賸藁一卷 王鵬運 一本

麐援詞一卷 劉恩黻 一本

第一生修梅華館詞七卷

新鶯詞一卷玉梅詞一卷錦錢詞一卷蕙風詞一卷蓤景詞一卷存悔詞一卷香海棠館詞話一卷 況周儀 一本

殭邨詞二卷 朱祖謀 一本

花間集 存卷八至卷十 蜀趙崇祚 明覆宋晁謙之本 一本

花間集十卷 汲古閣詞苑英華本 二本

四八

又一部　邵武徐氏刊本　一本

又一部　一本

又一部　揚州宣氏刊本　二本

花間正集二卷續集一卷　卓松齡　一本

尊前集二卷　影寫明顧梧芳刊本　二本

新刊古今名賢草堂詩餘四卷　明嘉靖間三衢童子山堂刊李謹本　二本

類編草堂詩餘四卷續編二卷　嘉靖丙寅顧從敬刊本　續編國初刊本　四本

重刊類編草堂詩餘評林六卷　明李廷機　萬曆刊本　四本

草堂詩餘四卷　詞苑英華本　五本

梅苑十卷　宋黃大輿　楝亭十二種本以明鈔本校補　二本

又一部 揚州宣氏刊本 四本

又一部 二本

唐宋諸賢絶妙詞選十卷中興以來絶妙詞選十卷 宋黃昇

詞苑英華本 五本

陽春白雪八卷外集一卷 宋趙聞禮 錢唐瞿氏清吟閣校刊本 二本

絶妙好詞箋七卷箋鈔一卷 宋周密 厲鶚查為仁箋 余集箋鈔 道光刊本 二本

又一部 近刊本 四本

元名儒草堂詩餘三卷 讀畫齋刊本 一本

天下同文一卷 元周南瑞 一本

又一部 一本

詞林萬選四卷 明楊慎 詞苑英華本 焦理堂藏書 二本

四九

花草粹編十二卷附樂府指迷一卷 明陳耀文 萬曆癸未刊本 十二本

御選歷代詩餘一百卷詞人姓氏十卷詞話十卷 王奕清等 楊州詩局刊本 三十二本

唐宋元詞綜三十卷補六卷 朱彝尊 續補二卷 王昶 明詞綜十二卷國朝詞綜初集四十八卷二集八卷 王昶 十八本

又一部 二十四本

倚聲初集卷首四卷詞二十四卷 鄒祗謨王士禛 六本

國朝詞雅十六卷 姚階 八本

詞綜補遺二十卷 陶樑 八本

天籟軒詞選六卷閨詞鈔四卷本事詞二卷附小庚詞存四卷 葉申薌 十二本

詞選二卷附録一卷 張惠言 續詞選二卷 董毅 二本

詞辨二卷 周濟 一本

篋中詞六卷 譚獻 二本

和珠玉詞一卷 張祥齡等 一本

宋六十一家詞選十二卷 馮煦 四本

庚子秋詞二卷春蟄吟一卷 王鵬運等 二本

皖詞紀勝一卷 徐乃昌 一本

常州詞録三十一卷 繆荃孫 十二本

閨秀詞鈔十六卷 徐乃昌 八本
詞學叢書二十三卷 秦恩復 十本
天籟軒詞譜五卷詞韻一卷 葉申薌 六本
詞律拾遺八卷 徐本立 六本
詞品六卷拾遺一卷 明楊慎 闕卷一 二本
填詞名解四卷附古今詞論一卷 毛先舒 一本
香研居詞麈五卷 方成培 二本
蓮子居詞話四卷 吳衡照 一本
詞學集成八卷 江順詒 一本
元曲選一百卷 明臧懋循 明刊本 一百本

盛明雜劇初集三十卷 明沈泰 明刊本 六本

西廂記五卷五劇箋疑一卷李日華南西廂記二卷陸天池南西廂記二卷園林午夢一卷 明閔齊伋刊本 八本

周憲王樂府三種三卷 明宣德刊本 二本

明劇七種七卷 鈔本 六本

傳奇十種二十四卷 明金陵文林堂編輯 明刊本 二十本

六十種曲一百二十卷 明毛晋 一百二十本

傳奇彙刻三十卷 劉世珩 十八本

又一部 缺還魂記 十六本

范氏三種傳奇六卷附北曲譜十二卷 范文若 六本

坦庵新雜劇三卷　徐又陵　二本

西堂曲腋七卷　尤侗　鈔本　四本

玉燕堂四種曲十卷　張堅　十本

西廂記五卷附録一卷　元王実甫関漢卿　明帰安凌氏刊本朱墨本　四本

又八卷　巾箱本　六本

牡丹亭還魂記二卷　明湯顯祖　明刊本　四本

又一部　氷絲館精刊本　六本

南柯記二卷　明湯顯祖　明刊本　四本

紫釵記二卷　明湯顯祖　明刊本　四本

竊符記二卷　明張鳳翼　明刊本　二本

折桂記二卷　明刊本　二本

上林春不分卷　明鈔本　四本

曇花記二卷　明屠隆　明刊本　二本

明月環二卷　二本

双鐶記二卷　四本

金鎖記二卷　袁于令　稿本　二本

翡翠園二卷　朱素臣　稿本　四本

金貂記一卷　舊鈔本　一本

秣陵春二卷　吳偉業　四本

長生殿傳奇四卷　洪昇　四本

五二

缾笙館修簫譜　舒位　一本

帝女花二卷　黄燮清　二本

桃溪雪二卷　黄燮清　二本

財星照二卷　鈔本　二本

小山樂府六卷　元張可久　旧鈔本　吳牧庵藏書　南陵徐氏景元刊本　四本

樂府新編陽春白雪十五卷　元楊朝英　南陵徐氏景元刊本　一本

梨園按試樂府新聲三卷　影鈔元本　一本

雍熙樂府二十卷　明嘉靖二十年楚藩刊本　二十本

詞林白雪八卷　明寗貢士斌　明刊本　六本

北宮詞記六卷南宮詞記六卷　明陳所聞　明刊本　六本

南宮詞紀六卷 四本

北宮詞紀六卷 六本

又一部 廿本

嘯餘譜十卷 明程明善 欠第六卷 明刊本 九本

北詞廣正譜不分卷 李玉 八本

南詞定律十三卷 呂士雄等 八本

又一部 八本

九宮大成南北詞宮譜八十卷 莊親王 內府刊本 五十本

納書楹曲譜二十二卷 葉堂 二十二本

又一部 欠首二卷 二十本

詞林韻釋一卷 南陵徐氏仿宋本 一本

中原音韻二卷 元周德清 影元鈔本 二本

五三

音韻須知二卷　李書雲朱素臣　内府刊本　二本

録鬼簿二卷　元鍾嗣成　影明尤貞起鈔本　一本

又　過録明鈔本　一本

又　楝亭十二種本　三本

曲品三卷　明鬱藍生　新傳奇品一卷　高奕　鈔本　一本

曲目新編一卷　支豐宜　振綺堂刊本　一本

曲録六卷戲曲攷原一卷　四本

詞餘叢話三卷　楊恩壽　一本

羅氏藏書目錄
叢之部
49
ラ
1

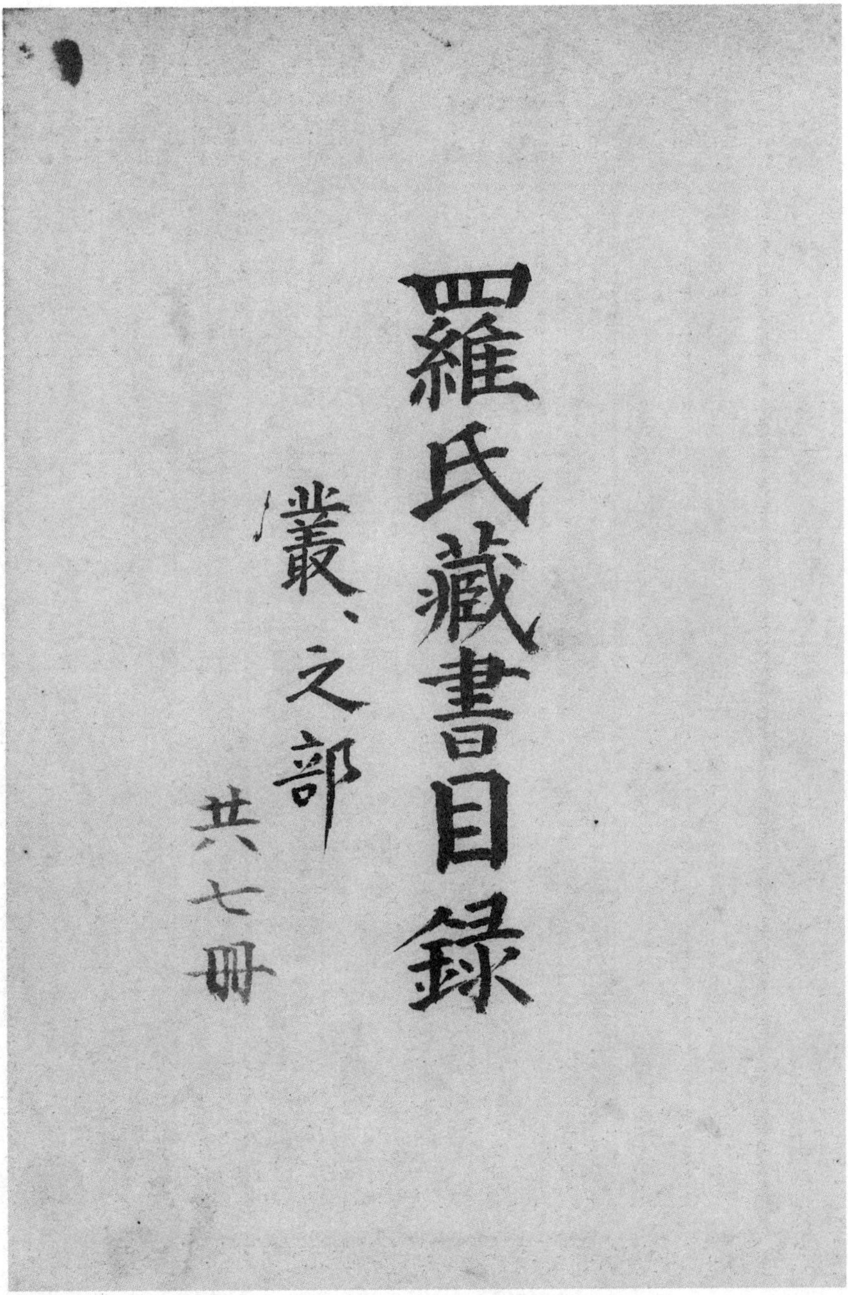
羅氏藏書目錄

叢之部

共七冊

叢書部

百川學海十集一百三十二卷　毁宋左圭　明刊本　與華本不同　吳平齋藏書　二十本

廣漢魏叢書四百五十二卷　八十本

稗海四百三十六卷　明商濬　郎廷極修補本　八十本

武英殿聚珍板叢書二百九十卷　缺易象意言一種　一百十九本

楝亭十二種六十九卷　曹寅　十二本

貸園叢書四十七卷　周永年　十六本

雅雨堂叢書十種一百二十七卷　盧見曾　初印本編次與後不同

二十本

經訓堂叢書一百六十二卷 畢沅 初刊本 缺二冊 二十七本

又一部 石印本 三十六本

知不足齋叢書 二百四十本

汗筠齋叢書二十卷 秦鑒 原刊本 十二本

重刻拜經樓叢書七種二十三卷 吳騫 六本

佚存叢書八十七卷 翻刊本 三十六本

學津討原叢書七百四十六卷 內缺周易集解三十四種又東坡書伝欠後七卷 二百九十四本

藝海珠塵二百九十卷 吳省蘭 原刊本 四十本

士禮居叢書一百八十七卷　黃丕烈　石印本　二十六本

平津館叢書十集二百四十八卷　孫星衍　原刊本　二十四本

又一部　翻刊本　四十八本

岱南閣中箱本叢書　缺東皐子一種　孫星衍　原刊本　十本

石研齋四種二十六卷　秦恩復　五本

湖海樓叢書一百十卷　陳春　二十四本

龍威秘書三百二十二卷　馬俊良　八十本

守山閣叢書六百三十五卷　缺虛中命書以下六種　錢熙祚　石印本

九十七本

琅邪山館叢書三十七卷　二十四本

叢

珠塵別録四十九卷　存宣德鼎彝譜以下十五種　錢熙祚　五本

五經歲徧齋校書三種二十三卷　翟雲升　八本

宜稼堂叢書二百五十六卷　郁松年　六十四本

惜陰軒叢書一百四十二卷　李錫齡原刊本　四十八本

小石山房叢書五十八卷　顧湘　十二本

海山仙館叢書　缺宋四六話末三卷　潘仕成　一百十九本

粵雅堂叢書二十集　二百四十七本

連筠簃叢書一百十四卷　附永樂大典書目六十卷　楊尚文　四十本

琳瑯秘室叢書四集九十六卷　胡珽　二十四本

方刻三種三卷　方士淦　一本

春暉堂叢書三十六卷 徐渭仁 十二本
又一部 十二本
月河精舍叢書十九卷 丁寶書 十本
述古叢鈔一百八十三卷 劉晚榮 欠詁晋齋集並前三卷 三十九本
滂喜齋叢書八十一卷 潘祖蔭 三十二本
功順堂叢書七十三卷 缺涇林續記一卷 潘祖蔭 二十七本
咫進齋叢書八十卷 缺四声等子銷毁抽毁書目二種 姚覲光 二十四本
十萬卷樓叢書三集三百九十一卷 陸心源 一百十二本
又二集二百八十八卷 缺切指掌図一種 六十七本
又初集 四十八本

三

式訓堂叢書二集八十一卷　章壽康　二十四本

古佚叢書二百卷　黎庶昌　五十本

籑喜廬叢書二十三卷　傅雲龍　七本

又一部　五本

靈峰草堂叢刻五卷　陳榘　二本

天壤閣叢書四十二卷　王懿榮　二十本

鐵華館叢書四十五卷　常熟蔣氏　十本

又一部　十本

三長物齋叢書二百二十三卷　黃本驥　內郡縣分韻考卷七以下欽　五十九本

傳硯齋叢書二十六卷 吴丙湘 八本

蟄園叢刻七卷 吴丙湘 二本

榆園叢刻六十九卷 許增 十六本

木犀軒叢書一百五十三卷 李盛鐸 三十六本

仰視千七百二十九鶴齋叢書初集十九卷二集十一卷三集十八卷四集九卷五集十七卷 趙之謙 三十本

又一部四集闕五集 二十四本

翠琅玕館叢書四十四卷 十二卷

新陽趙氏校刻書 十七本

正覺樓叢書八十卷 三十六本

漸西精舍叢刻　二十八本

振綺堂叢書二集二十二卷　汪康年　八本

大亭山館叢書三十六卷　六本

觀自得齋叢書六十九卷　徐士愷　二十本

靈鶼閣叢書初集十九卷二集二十四卷三集十六卷

四集八卷五集十三卷六集十三卷　江標　四十八本

知服齋叢書八十卷　龍鳳鑣　二十四本

繆徐合刻三十四卷（藝風堂叢書廿四卷金石例十卷）　六本

藝風堂叢書二十四卷　繆荃孫　四本

結一廬朱氏賸餘叢書一百十卷　十四本

積學齋叢書六十一卷　徐乃昌　十六本
鄦齋叢書四十四卷　徐乃昌　二十本
又一部　二十本
隨庵叢書四十一卷　徐乃昌　十二本
觀古堂所刊書二十八卷　葉德輝　八本
觀古堂彙刻初集二十六卷二集二十九卷　同　十六本
麗樓叢書十一卷　同　八本
潘刻五種十六卷　六本
聚學軒叢書初集三十八卷　劉世珩　二十本
聚學軒叢書初集三十八卷二集四十四卷三集四十七卷四

五二

集六十四卷五集六十二卷　劉世珩　一百本

漸學廬叢書初集六卷　蘄州胡氏石印本　二本

振綺堂叢書二十卷　汪康年　缺蒙古錢譜四卷　五本

晨風閣叢書四十卷　沈宗畸　十六本

敦煌石室遺書十六卷　四本

又影印本　二本

聖譯樓叢書十卷　李祖年　七本

玉簡齋叢書二十九卷　八本

暢園叢書十一卷　四明刊本　四本

集虛草堂叢書六十九卷　合肥李氏刊　二十四本

求實齋叢書 缺三才略一種 九本

鑄學齋叢書三十卷 徐維則 二十本

萬香零拾九十四卷 繆荃孫 三十二本

小方壺齋叢書殘本 八本

傳經堂叢書九十四卷 內東林粹語三卷重出 二十四本

古今說海 卷 明陸 翻刊本 二十三本

說鈴前集三十九卷後集二十七卷 吳震方原刊本 二十本

昭代叢書合刻甲集五十卷補十六卷乙集五十卷補六卷丙集五十卷補五卷丁集五十卷補十三卷戊集五十卷補七卷己集五十卷補三卷庚集五十卷補四卷辛集五十卷補六

六二

卷壬集五十卷癸集五十卷　沈德重編刻　一百二十本
檀几叢書五十卷　王晫張潮　十四本
檀几叢書録要七種　趙慎畛　一本
賜硯堂叢書新編四十卷　顧沅　八本
二十二子三百二十九卷　浙江書局刊本　八十二本
又一部十一種　四十六本
十子全書九十八卷　缺莊荀二種　二十五本
抱經子書彙刻四十七卷　八本
金陵叢書三十七卷　傅春宫　十二本
國朝金陵叢書二十七卷　同　八本

婁東雜著五十二卷　邵廷烈　八本

涇川叢書正集四十六卷　闕易學管窺賓退録拙齋筆記拙齋十議集璧譚五種　續集二十七卷　趙紹祖　三十二本

武林掌故叢編二十六集六百十二卷　丁丙　二百八本

武林往哲遺著前編三百十卷後編一百三十六卷　丁丙　九十六本

西湖集覽四十五卷　丁丙　十二本

國朝湖州府鄉先生著述六十六卷　陸心源　二十本

紹興先生遺書四集一百二十八卷　徐友蘭　四十八本

台州叢書甲集十七卷　缺雜志一卷見聞隨筆二卷　乙集六十卷　宋世犖

七

二十本

永嘉叢書二百四十七卷　孫衣言　五十三本

浦城遺書一百十六卷　祝昌泰　三十六本

嶺南叢書一集七十九卷二集三十一卷三集四十三卷四集三

十四卷五集五十四卷　伍元薇　八十一本

湖北叢書二百八十七卷　湖北刊本　一百本

學海堂叢刻第二集十八卷　九本

南菁札記二十二卷　六本

二程全書六十七卷　十本

東坡七集一百十卷校勘記二卷　宋蘇軾　溧陽端氏影明刊本　四十本

張子全書十五卷 宋張載 明刊本 六本

葉石林三種十五卷 葉夢得 四本

陸放翁全集一百五十七卷 宋陸游 四十八本

周益國文忠公全集二百卷 宋周必大 江西刊本 四十本

玉海附刻書 附校補玉海瑣記二卷 六十三卷 宋王應麟 二十本

黃氏日鈔九十七卷古今紀要十九卷 宋黃震 二十四本

元遺山先生全集四十一卷 附十五卷 金元好問 平定張氏刊本

十七本

韓氏三種六卷 明韓邦奇 明刊本 十四本

王文成公全書三十八卷 二十四本

八

甘泉集三十二卷　明湛若水　十本

六如居士全集二十四卷　明唐寅

舒文節公全集十八卷　明舒芬　十二本

升庵外集一百卷　明楊慎　明刊本　二十四本

弇州山人四部稿一百七十四卷續稿一百七十卷　四部稿欠末三卷
續稿欠前六卷　王世貞　一百十五本

歸雲別集七十四卷　明陳士元　二十四本

李氏叢書二十三卷　明李贄　十二本

胡元瑞二種

劉子全書遺編二十四卷　明劉宗周　十二本

寶顏堂秘笈雜著四十七卷	明陳繼儒	十二本
朱舜水全集四十一卷	明朱之瑜 日本排印本	一本
黃梨洲遺書十種四十卷	黃宗羲	十二本
孫夏峰三種四卷	孫奇逢	六本
玉山朱氏遺書三卷	朱用純	三本
貫華堂才子書彙稿十四卷	金人瑞	四本
田間遺書不分卷	錢澄之	二十四本
亭林遺書二十七卷	顧炎武	二十四本
寒村詩文選三十六卷	鄭風	十四本
三魚堂全集四十二卷	陸隴其	十一本

又一部　欽讀礼志疑一種　十四本

帶經堂集九十二卷　王士正　十八本

鈍翁全集一百十五卷　汪琬　二十四本

湯子全集三十一卷　湯斌　二十九本

張亟齋遺集五卷附録一卷　張恕　一本

西河合集四百九十三卷　毛奇齡　一百本

安雅堂全集二十六卷　宋琬　十六本

飴山全集三十七卷　趙執信　十本

陸雲士雜著十九卷　陸次雲　內八訳史欽卷三四　十二本

榕村全集四十五卷　李光地　別集僅五卷　十九本

經學五書十九卷 萬斯大 四本
文道十書十二卷 陳景雲 二本
孫晴川雜著
陳司業全集十一卷 陳祖范 八本
叢睦汪氏遺書十八卷 汪師韓 五本
釣臺遺書六十卷 任啓運 二十四本
杭堇浦七種十七卷 杭世駿 四本
心齋十種十八卷 任兆 八本
字林考逸三種十二卷 任大椿 五本
歐北全集一百七十六卷 趙翼 四十本

一〇

潛研堂全書二百六十八卷　錢大昕　四十八本

又一部　六十四本

通藝録三十卷　缺前三種　程瑶田　十五本

戴氏遺書八十七卷　戴震　二十四本

又一部四十三卷　十本

經韻樓叢書一百七卷　缺声均考四卷　附詩經小学三十卷　段玉裁　三十本

顨軒孔氏所著書六十卷　孔廣森　二十四本

授堂全集七十八卷　武億　十六本

又一部　十六本

劉氏遺書八卷　劉台拱　二本

高郵王氏四種一百二十卷　王念孫引之　六十本

清白士集二十八卷　梁玉繩　附庭立紀聞四卷　十二本

洪北江全集一百四十一卷　洪亮吉　原刊本　三十二本

微波榭遺書二十三卷　孔繼涵　五本

陶園全集三十六卷　張九鉞　十二本

揅經堂全集六十二卷　阮元　二十四本

又一部　二十四本

惜抱軒全集八十八卷　姚鼐　重刻本　十六本

味經齋遺書二十四卷　莊存與　十本

雕菰樓叢書一百二十五卷　焦循　四十八本

有竹居集十九卷 任兆麟 八本

東溟文集九十九卷 姚瑩 二十八本

蜚雲閣凌氏叢書四十卷 凌廷堪 二十四本

郝氏遺書一百六十四卷 郝懿行 内宋瑣語缺上半 六十六本

龍莊遺書十四卷 汪輝祖 江蘇局本 六本

沈芷生遺書七卷 沈清瑞 三本

吳氏遺著五卷 吳夌雲 二本

左海全集三十一卷 陳壽祺 二十四本

修本堂叢書九十一卷 林伯桐 十三本

二思堂叢書七十五卷 梁章鉅 内古格言下六卷缺 二十三本

話山草堂叢書（遺集）十二卷	沈道寬	八本
江氏三種三卷	江藩	一本
安吳四種四十一卷	包世臣	十六本
武陵山人遺著十一卷	顧觀光　欠華陽國志一種	五本
鄂宰四種九卷	王筠	二本
啖蔗軒三種五卷	方士淦	三本
徐氏三種八卷	徐松	八本
頤志齋叢書四十一卷	丁晏	十二本
景紫堂全書八十一卷	夏炘	二十二本
平湖顧氏遺書五十一卷	顧廣譽	十四本

一二

鄒叔績遺書三十一卷　鄒漢勛　十四本

古桐書屋遺書二十二卷　劉熙載　十本

曼陀羅華閣叢書一百四十八卷　杜文瀾　三十二本

元和朱氏所著書三種三卷　朱駿声　三本

東塾遺書二十八卷　陳澧　九本

汪氏三種二十七卷　汪士鐸　八本

半厂叢書七十一卷　譚廷獻　二十本

史氏叢刻二十一卷　史善長　史澄　八本

蔣侑石遺書十六卷　蔣曰豫　五本

鏡珠亭雜撰六卷　胡元玉　四本

舒藝室覆瓿集二十四卷　張文虎　八本

得一齋雜著八卷　黃楙村　二本

樸學集三種九卷　諸可寶　四本

湘潭王氏所著書一百九十卷　王闓運　春秋列表欠下半卷　六十二本

頤素堂叢書十七卷　顧祿　四本

耐安類稿九卷　陳偉　六本

特健藥齋外編三卷　唐詠裳　二本

蕭道管五種十四卷　蕭道管　六本

四益館經學叢書三十二卷　廖平　十本

易实父雜著二種三卷　易順鼎　四本

一三

歸槎叢刻七卷 謝希傳 四本

希鄭堂叢書七卷 潘任 四本

簡字全譜五卷 勞乃宣 四本

汪氏家集十六卷 六本

太平呂氏文集十七卷 四本

劉氏叢刻七卷 八本

如皋冒氏叢書三十三卷 冒廣生 八本

説郛一百二十卷續説郛四十六卷 元陶宗儀 明陶珽 百六十六本

史拾不分卷 明吳宏基 十八本

賴古堂藏書十三卷 周亮工 四本

二酉堂叢書二十八卷　張澍　十本

又一部　十本

玉函山房輯佚書　附目耕帖　一百二十本

漢魏遺書鈔　王謨　九本

漢唐地理書鈔　王謨　六本

正誼堂叢書　二百十六本

五種遺規十二卷　陳宏謀　八本

武經七書直解十二卷　日本刊本　十二本

兵書六種　明臧懋循　明閔氏刻朱墨本　六本

敏果齋七種四十五卷　福珠隆阿　缺城守輯要一種　十五本

耑生彙編三十卷 日本丹波氏 五本

豫醫雙璧三十五卷 排印本 八本

東垣十書十九卷 元朱彥修 日本翻嘉靖本 九本

醫林指月二十三卷 八本

西洋新法曆書六十五卷 明徐光啓 明刊本 八十本

李氏遺書十八卷 李鋭 三本

又一部 六本

里堂學算記十六卷 焦循 八本

觀我生室彙稿九十四卷 羅士琳 二十本

邃雅堂學古録八卷 姚文田 四本

矩齋籌筭叢刻三十二卷　勞乃宣　二十二本

黃帝五書六卷　陽湖孫氏刊本　二本

道言內外秘訣全書六卷　明刊本　十本

山居雜志三十二卷　明汪士賢　缺荔枝譜橘譜海棠譜三種　三本

王氏書畫苑三十六卷　王世貞　明刊本　二十本

四銅鼓齋論畫集刻十四卷　張祥河　翻刊本　四本

南薰殿圖象攷二卷國朝院画録二卷西清劄記四卷　胡敬　四本

螢雪軒論畫叢書三卷　日本近藤元粹　三本

娛園叢刻十種十三卷　許增　三本

正續茶經會刻七卷　黄琳　六本
觀古園叢刻十二卷　鮑康　八本
篆學瑣著八十卷　顧湘　十二本
漢魏六朝二十一名家集一百二十二卷　缺陶靖節集十卷、陸士衡集卷四至卷八　四十六本
漢魏六朝百三名家集　八十四本
又一部　六十四本
四唐人集八卷　明刊本　四本
唐四家集八卷　明刊本　四本
又一部　六本

汲古閣三唐人集三十七卷　六本

麟後山房唐四家集十八卷　八本

唐人小集六十九卷　元和江氏刊宋本　十四本

貴池唐人集十六卷　劉世珩　三本

唐宋五家詩鈔二十一卷　五本

沈氏三先生文集四十三卷　宋沈遘　沈括　沈遼　浙江局本　五本

九金人集一百五十二卷　海豐吳氏校刊　八本

元六家集二十二卷　毛晉　汲古閣刊本　七本

汲古閣合訂唐宋元詩五集　六本

詩詞雜俎二十卷　十本

邱海二公集十六卷　十本
弘正四傑詩集七十四卷　十六本
明三家集二十四卷　十三本
李卓吾評三大家文集二十八卷　八本
二馮詩集九卷　二本
戴段合刻二十四卷　十本
樵川二家詩四卷滄浪詩話一卷　四本
盧江三賢集十九卷　四本
秋浦雙忠録四十卷　六本
貴池二妙集五十一卷　十二本

山右二徵君集不分卷　六本
徐州二遺民集十卷　四本
中州三賢集十二卷　十二本
漁洋選七家詩十六卷　七本
江左三大家詩鈔九卷　六本
嶺南三大家詩鈔選三十四卷　五本
國家六家詩鈔八卷　六本
粵十三家集一百七十五卷　伍崇曜　四十本
錢唐四布衣詩集十二卷　四本
戴氏三俊集三卷　一本

八家四六文注十卷　許貞幹　十六本

蒙香室叢書二十五卷　馮煦　十本

宋三大臣彙志二十一卷　明刊本　十本

日本大藏經八千五百三十四卷　排印本　四百十九本